筑摩選書

桑子敏雄
Kuwako Toshio

風土のなかの神々

神話から歴史の時空を行く

風土のなかの神々――神話から歴史の時空を行く　目次

風土のなかの神々

神話から歴史の時空を行く

まえがき

日本の神々とは日本人にとってどんな存在なのか。神々は日本の風土のなかでどのような役割を担ってきたのか。日本の国土には神々のどんなパワーがひそんでいるのだろうか。

日本各地の山、川、海、まちを巡りながら、地域で起きている対立・紛争を解決するという仕事に携わってみると、改めて日本列島の多様な地形、地理、気候、生態系、歴史、文化に気づかされる。空間に刻まれた深く複雑な襞《ひだ》に目を向けると、その魅力は豊かな風景として立ち現れる。

わたしは人間と環境の関係を解く鍵を「空間の履歴」という言葉で表現してきた。個人の履歴はその人に蓄積された過去からの経歴で、現在に属し、未来の可能性を含んでいる。その履歴が空間にもあるという考えである。空間にも過去から積み上げられた経緯がある。しかも、空間の履歴と人の履歴は切り離すことができない。人と空間の履歴の蓄積は、現在に属し、その地域の未来の可能性を拓く。

日本各地の風景の襞の奥には、たくさんの神社があって、それぞれの地域空間に固有の履歴を内包していることに気づかされる。人々は長い歴史のなかで神々との縁を紡いできたのだ。

日本の神々は、像として描かれることが少ない。描かれた神像や木彫の像はわずかである。神々の名も難しくて覚えにくい。ただ、神の社《やしろ》は、風景のなかに目に見えるかたちで存在している。神社の存在をその周囲の風景が包み込み、同時に、神社が周囲の空間に神々しさを与えている。

神社の「社」とは、神の依《よ》り代《しろ》である。神が現れる、出現する、そして依《よ》る。その意味で、神が立つ、そのための空間的装置である。「立つ」とは、「雲が立つ」「煙が立つ」「虹が立つ」の「立つ」で、「立ち現れる」の意味である。

神は見えず、聞こえず、触れることもできない。しかし、人々は、その力の立ち現れるのをさまざまに感じ取ってきた。

神社を訪れて、由緒書があれば、祭神の名やその御神徳、社の起源や来歴などが分かる。折々の神事で神官の唱える祝詞《のりと》や地域に伝承される物語からも、神々のもつ歴史に触れることができる。

さらに日本最古の書物、『古事記』『日本書紀』を読めば、そこに記載された神話が神社の由来を理解する手がかりにもなる。

言葉には魂が宿るというのが古くからの日本の教えである。神をめぐるさまざまな言葉が日本の国土空間に意味を与えてきた。この空間的な意味が、人々の継承してきた長い歴史のなかに蓄積され、いまに伝わり、地域、そして、国土の可能性を拓く。

日本各地で起きている対立・紛争の解決のためには、地域空間の履歴を掘り起こしながら、地域の未来を拓くことが必要不可欠である。わたしは、日本の神々が日本の国土のなかでもつ意味、より正確にいえば、空間の履歴に蓄積された神々の存在の意味を解読し、どうすればこれからの地域の将来像につなげることができるかを考えてきた。

「空間の履歴」の視点から考えるとき、日本の風土のなかで信仰されてきた神々の神話では、大きく二つの神々のグループが知られている。いわゆる『古事記』『日本書紀』に記されているのは、島根県出雲地方ゆかりの神々と、宮崎県高千穂・日向に由来する神々である。どちらもわたしが長い間、河川・海岸整備やまちづくりの現地作業の間にいつも出会ってきた神々である。

日本の風土に身を置いて見いだしたことは、それぞれの神々のグループを区別する二つの特徴が存在するということである。二つのグループのうち、出雲系の神々は、どちらかというと「空間の履歴」の「空間性」に注目するときに立ち現れる神々であり、高千穂・日向系の神々は、「履歴」のもつ「時間性・歴史性」の視点に立ち現れる神々である。

出雲の神々の世界で見えてくるのは、「国土開発」と「天下経営」である。人々が日本の国土のなかで平穏さと豊かさのうちに暮らすことを実現したパワーへの信仰である。この神々の力は、個人の救済を実現するような神、あるいは神々にとどまらない。それは、いわば、この日本の地に生まれて生きていく人々の心得るべき「自然の脅威と恵みへの畏敬」という意味での信仰の対象である。この「畏敬」には、自然の脅威に対する恐れとともに、その恵みへの敬意と感謝の意味も含まれる。

　自然のパワーを日本人は、神々のもつ「荒魂《あらみたま》」と「和魂《にぎみたま》」という二面性で捉えてきた。日本人の重要な信仰の要素のひとつは、人間を超えるその両方に対する「おそれ」の心であり、予期せぬ力の発動に向けた「そなえ」の心でもある。

出雲神話は、『古事記』『日本書紀』のなかで重要な位置を与えられているが、「国譲り」の物語を通して国の支配権を高千穂・日向の神々、そしてその系譜に連なる天皇家に委譲するかたちになっている。出雲系の神々と高千穂・日向系の神々の性格を分かつ出来事が「国譲り」である。

高千穂・日向系の神々の性格は、国土開発でも天下経営でもない。そうではなく、神々から天皇に至る系譜を特色づける結婚と妊娠、出産の物語が軸となっている。その物語こそが「天皇による国家支配の歴史的正当化」の根拠となる。すなわち、出雲神話とは対照的に、神々から天皇に至る系譜の形成というかたちで、政治的支配体制の妥当性の根拠となる点に軸足が置かれているのである。天地開闢《かいびゃく》以来つぎつぎに生まれ出る神々、なかでもアマテラスという女神を皇祖として、天皇家に至る系譜は、国家持続の基軸を示す神話となっている。

端的に言えば、出雲神話の神々は、どちらかというと、日本という国の空間軸、すなわち、国土の面的なひろがりから理解されるのに対し、高千穂・日向神話から天皇家の系譜につらなる物語は、日本の国家成立を説明するための時間軸から捉えられるのである。

空間を構成する出雲の神々と時間軸につらなる高千穂・日向の神々は、日本という国を理解するために重要な二つの軸であるが、では、どうしてこのように性格の異なる神々の系譜が古代国家の形成史のなかに位置づけられたのであろうか。

本書は、高千穂・日向、出雲、そのほかの地方で、いろいろな公共事業に携わりながら、日本の風土とその風景のなかにひそむ神々と出会い、浮かび上がったいくつかの疑問を心に置きながら、神々の存在の意味を問いつづけ、最後に日本神話編纂プロジェクトが実行された飛鳥、奈良の地での考察に至る記録である。

本書を読んでくださるみなさん自身が、日本各地に旅に出て、どのように現代日本の風景のなかに神々の系譜が受け継がれているか、また、日本の神々はなぜそこにいるのかを考えていただけるならば、著者としてこれ以上の喜びはない。

序章

女神はなぜ洞窟に隠れたか——高千穂神話の世界から

神代川《じんだいがわ》のほとりに立つ

宮崎県高千穂町をはじめて訪れたのは、二〇〇四年の夏のことで、神代川は見事なコンクリート三面張りの川であった。

高千穂町は、阿蘇の外輪山の南東側に位置している。何度にもわたる阿蘇山の噴火による大火砕流地帯であった。そのため谷は深く切れ込んでいて、高千穂峡はよく知られている。峡谷を流れているのは五ケ瀬《ごかせ》川で、神代川はその支川である。

神代川の河床は阿蘇山噴火の高熱で溶けた溶結凝灰岩が層になっていて、長い年月の間に表面が水で磨かれた。高齢の人たちに聞くと、長い間水に磨かれてつるつるになった河床は、子どもたちの滑り台となり、河畔はいつもにぎやかな歓声で満ちていたという。護岸の石の隙間には、ウナギとヘビがたくさん棲んでいて、もちろん魚もいっぱいいいた。豊かな生態を育む川だったのである。

ところが、一九七〇年代に洪水があった。といっても床下浸水程度の洪水だったのだが、宮崎県は治水事業を進めるとして、蛇行していた河道を直線にし、河床を掘り下げてコンクリートで覆い、両岸も同じようにしっかりとコンクリートで固めてしまった。洪水を川の外に出さないという近代治水の思想にもとづく河川整備であった。

硬い岩盤の河床を掘り下げるためにはダイナマイトで発破しなければならず、層になっている河床が割れて、水位ががくんと下がり、子どもたちは水遊びをすることができなくなった。ウナギやヘビも、魚もいなくなった。

それだけではない。当然のことながら、古代からつづいてきた河川景観も失われた。神代川のほとりには、ケヤキの巨木がある。その根元は空洞になっていて、青く澄んだ水が湧いている。その泉は、天真名井《あまのまない》といわれている。天真名井には、日本神話の伝説が残る。

天真名井の少し上流の開けた岸から見上げると対岸には深い緑の丘が見える。槵觸峰《くしふるみね》である。高千穂神話では、アマテラスオオミカミ（天照大神）の孫にあたるニニギノミコト（瓊瓊杵尊）が高天原から地上に降り立ったのがこの丘である。当初、アマテラスは、子のオシホミミに地上の支配を命じようとしたが、オシホミミは、子が生まれたので、この子を送りましょうということになった。その子というのがニニギである。アマテラスの子ではなく、孫が地上を支配することになる物語は、この神話を記載する『古事記』『日本書紀』の編纂の過程と深く関わっていることを本書の後のほうで述べることになるが、いまは、神代川の話を進めよう。

さて、ニニギが地上に降りてみると、水のない世界であった。そこでアメノムラクモノカミ（天叢雲神）に命じて高天原に水の種を取りに行かせた。その種を植えたとき水が湧いた。それが天真名井だというのである。

天真名井は、古代から豊かな水で槵觸峰とともに地域の信仰の対象となってきたが、水位が下がり、地下から湧いていた水が枯れてしまった。わたしが訪れたとき、真名井の水は豊かに見えたが、水を上流から引いているということであった。

「なんとかならないでしょうか」というのが、案内してくださった土井裕子さんがわたしを神代川に連れてきた理由であった。

宮崎県延岡市在住の建築家、土井裕子さんは、当時、五ヶ瀬川を守る地域活動のリーダーとして活躍していた。二〇〇〇年七月に東京で開催された第三回「全国川の日ワークショップ」でグランプリを受賞した北川は、五ヶ瀬川の支川で、わた

阿蘇山の外輪山からつづく高千穂の山容

しはそのときはじめて最終審査の審査員を務めていたことで、土井さんと知り合った。その四年後、実際に北川を訪れたとき、案内役を務めた土井さんに導かれたことが、五ヶ瀬川のもう一つの支川である神代川と天真名井、そして槵觸峰と高千穂町との出会いとなった。

天真名井のほとりに立って、「昔の川と泉の風景をとりもどせないでしょうか」という土井さんの願いを叶えようと、同じ年の十二月二十九日、わたしは、河川工学者で九州大学教授の島谷幸宏さんと神代川再生のためのワークショップを開催した。島谷さんも「全国川の日ワークショップ」以来の知り合いであった。

当日は、九州大学の島谷研究室と東京工業大学桑子研究室のメンバーが現地に集まり、地域の人々とともに川と泉の様子を実見したあと、天真名井から仰ぐことのできる槵觸峰の中腹の公民館で、島谷研究室が持ち込んだ模型を囲みながら議論した。昔の神代川はどんな川だったか、いまの神代川について地元の人々はどう思っているのかといったことについてである。

そのときのワークショップが神代川再生のスタートである。その後、長い時間を経てであるが、宮崎県は、神代川河川再生計画検討委員会を設置し、土井さん、島谷さんとわたしはその委員となった。

「神代川かわまちづくり計画」

「神代川かわまちづくり計画書」は、二〇一四年一月に委員会で決定された。最初のワークショップから十年の歳月が流れていた。

検討委員会で練り上げられた計画書の序文は、つぎのように、神話の伝承を高千穂町のまちづくりに是非ともつなげたいという思いで書かれている。

> 宮崎県高千穂町は、高天原神話と天孫降臨神話の舞台として、日本文化の根源に位置している。なかでも町の中心を流れる神代川が槵觸峰の麓にさしかかるところに位置する天真名井は、水のなかった国土にニニギノミコトが天から「水の種」をもたらしたことで湧いた泉であるとの伝承が残る。
> 「神代川かわまちづくり」は、河川改修で変貌してしまった古代からの環境と景観の再生を「水循環の復活」をキーワードに、神々の神話で彩られた高千穂町のまちづくりと一体になって進めようという事業である。
> （「神代川かわまちづくり計画」序文より）

さらに、「神代川かわまちづくり」の要点をつぎの三点にまとめている。

「神代川かわまちづくり計画書」の表紙。中央の古い絵に、槵觸峰と麓の神代川が描かれている

1　高千穂地域のもつ神話・歴史という文化的資源を生かしたかわまちづくり
2　水循環の復活を実現するかわまちづくり
3　地域の人びとの生活・文化と直結し、地域の賑わいを復活するためのかわまちづくり

神代川再生の理念は、「日本の歴史・文化的環境・景観を再生すること」である。ここに河川の自然再生をめざす「多自然川づくり」は、生物多様性の実現とともに文化的・歴史的景観の再生とも融合するものとなったのである。

神代川河川整備起工式祝詞《のりと》

神代川再生のための市民ワークショップを行ったのが二〇〇四年の年末であったから、長い年月が流れ、いよいよ二〇一六年七月三十日に宮崎県と高千穂町が共同で「神代川かわまちづくり起工式」を挙行することになった。宮崎県への長い時間にわたる働きかけを含めると十二年の歳月が流れての快挙であった。

起工式前日に高千穂町を訪れたわたしは、荒立神社《あらたてじんしゃ》の夏祭に参列した。地元の人は神社を「じんじゃ」ではなく、「じんしゃ」と読むことは興味深かった。その荒立神社は、槵觸峰の裾、神代川のほとり、天真名井の近くにある。

ニニギの天孫降臨には高天原の神々がつき従っていた。そのなかに、アメノウズメノミコト

（天鈿女命）がいた。ウズメは、アマテラスが天岩戸に隠れたとき、岩戸の前で舞った女神である。
ウズメの艶美な舞は、男神たちを歓ばせ、岩戸に隠れるアマテラスの関心を引いた。わずかに開けた岩戸をかつぎあげ、投げ飛ばしたのがタヂカラオノミコト（手力男命）であったから、ウズメとタヂカラオは、岩戸開きの表舞台のスターである。ウズメは、ニニギに従って地上に降り立ち、迎えたサルタヒコをその魅力で虜《とりこ》にして、ほどなく婚姻の儀を挙げることになった。慌てて建てた新居というのが荒立神社の地であった。その鳥居は、今も木の皮をむいただけの簡素なつくりである。

高千穂神楽の演目「鈿女《うずめ》」

荒立神社の興梠克彦《こうろぎかつひこ》宮司は、その豊かな表情とたくみな話術で人望をあつめている。「ウズメは外国から来た神、サルタヒコは在来の神ですから、これは日本で最初の国際結婚ですね」と笑顔で語る。宮司の人徳は、おみくじを三十円で引けるようにしたことにも表れている。わたしが「どうして三十円ですか、安いですね」と聞くと、「誰にでも引いてもらうことができるようにしたいですからね」という答えであった。通常、おみくじは百円が多く、ときには二百円、三百円のこともある。三十円と三百円の設定の違いが神にすがりたいと思うひとへの宮司の思いやりの表現であることを知り、深く感動した。

翌日の起工式に向けて、神代川再生の成就を占おうと、三十円を供え、ひとつ引いた。すると、つぎのようなことばが連なっていた。

第三十六番　末吉

先損後有益
如月之剝蝕
玉兎待重生
光華当満屋

▼このみくじにあたる人は、物つきて又始まるかたちなれば願望は遂に成就するも急ぐは却ってよろしからず、そろそろ物事をしてよし▼待人おそし程過ぎて来るべし▼失物出がたし後いづる事あるべし▼あらそひごと急に勝がたし、ゆるゆるしてよし▼望ごと成就す急ぐべからず▼うりかひ共によくよく念入れるべし▼こんれい旅立よろづよし▼えんだん早くとりきめてよし▼耽は本人の気任せたるべし▼先祖のまつり怠るな▼子に仕合はせあり大切に育つべし

神代川再生事業にぴったりのおみくじで、再生事業をするには、急いではいけないというのがそのお告げである。自然再生、河川再生も、しばしば観念的に行われがちである。自然の景観再生を画一的に考えるデザイナーが計画したり、技術力をもたない工事業者が石積みをしたりすれば、みかけだけの再生になってしまう。「急ぐは却つてよろしからず」というのも、「そろそろ物事をしてよし」というのもお告げの通り、慎重に進めなければならない。

このお告げには、「そろそろ」「ゆるゆる」「よくよく」と、いわゆるオノマトペといわれる繰り返しことばが三度も使われている。物事の進捗の程度を強調するこの繰り返しのなかに、「物つきて又始まる」ときの本質が表現されているといってよい。どれもが急がず、慎重に、気を配ってという意味をもつ。

翌日、神代川かわまちづくり起工式が行われた。神代川河川再生計画検討委員会副委員長として挨拶したわたしは、おみくじの言葉を引用し、神代川は再生するに違いないが、神意に従って、よくよく念を入れて物事を進めるべきである、つまりプロセスを慎重にデザインすべきである。意見の違いがあるときには、物事を急いで決めるべきではなく、「ゆるゆるしてよし」と考えるべきであると述べた。

争いを解決するにはゆるゆるすべきであるとは面白い言い方であるが、急《せ》いては事をし損じるというのは合意形成の定石である。「ぎすぎすした話し合い」では、決まることも決まらなくなってしまうからである。コンクリート三面張りにしようとしたときにも、地域には異論があったというが、強行してしまったところに、長い歴史をもつ神代川を死の淵まで追い詰めてしまった原因があった。「あらそいごとには、ゆるゆる対処しなさい」とは至極名言である。

起工式は、折からの好天にもめぐまれて、すばらしい儀式となった。夏の日だったが、真名井脇の会場となった公園は、木々の陰で涼しかった。

式典は、フルート奏者、甲斐泉さんの演奏（高千穂神楽に着想を得たオリジナル曲「おがたま」も含む）と高千穂町への思いのこもった挨拶につづき、主催者、来賓の祝辞のあと、高千穂中学校のブラスバンドの伴奏と高千穂小学校の生徒たちの校歌斉唱があり、感動を盛り上げた。ちなみに校歌の冒頭の詞は、「神代川の清き流れ」であった。真名井コーヒーの振る舞い、餅まきもあった。

鍬入れ式に先立つ高千穂神社の後藤俊彦宮司が記し述べた祝詞は、神代川の歴史と人々の思いをつなぐことばで綴られていた。それはつぎのようなものであった。

神代川河川整備起工式祝詞

筑紫の日向の高千穂の古《いにしえ》ゆ皇孫の天降《あまくだ》りましける久士布流峯《くしふるのみね》・藤岡山の山裾に神代《かみよ》ながらに流れゆく神代川の畔《たもと》当天真名井の美《うま》し清らかなる是のところを今日の祭場と祓ひ清めて、神籬《ひもろぎ》さし招《まね》き奉《たてまつ》り坐　奉《いましたてまつ》る。掛巻《かけまく》も畏《かしこ》き産土大神《うぶすなのおおかみ》・水波能売大神《みずはのめのおおかみ》・天村雲《あめのむらくも》等の大前《おおまえ》に高千穂神社宮司後藤俊彦恐《かしこ》み恐み白《もう》さく。

このように後藤宮司は祝詞を始めて、神代川再生までのいきさつをつぎのように述べた。

完成間近の神代川再生工事。右の丘が槵觸峰。コンクリート三面張りをはがし、直線化した河道をもとに戻して、生き物にやさしい川を再生する

今を去る三十余り五年の昔、水の枉《ま》を防ぐとしてコンクリートを以て両岸・河床の河川工事を行ひしかど、幾十余年を過ぎて時の流れ、多目的なる河川の利用にも応へ得ずなりゆけば、今度宮崎県地元有志による神代川再生検討委員会を設け、学識経験者をはじめ数多の衆知を集め、神代川かわまちづくりを進め、水位・流速をも計りつつ、安全は更なり、この川の歴史・文学・環境・景観にも配慮しつゝ、新たな神代川河川建設工事仕へ奉らむとして、……

最後に、神事の挙行を述べ、事業の成功を祈念している。

八十日日《やそかび》はあれども今日を生日《いくひ》の足日《たるひ》と選び定めて、大前に御食御酒《みけみき》種々の味物《ためつもの》を供へ奉りて、起工の式・工事安全祈願の御祭仕《つこ》　奉《うまつる》らくを、平《たいら》けく安《やす》けく相諾《あいうべな》ひ聞食《きこしお》し給ひて、此の工事に関づらふ人々を夜の守日の守に守り給ひ導き給ひて、ゆくりなき災厄の起こる事なく、図らぬ禍事に遭ふ事なく、各も各も明《あか》き清《きよ》き誠を以て力を協《あわ》せ、心を一にして負持つ業に勤み励み、今ゆ行先地震揺り風吹くとも動き傾く事なく、雨降り水量増し流れ急になるとも護岸工事の下つ岩根の崩え損なふことなく、打ち立てたる巌《いわお》の柱根《ちゅうこん》・練石《ねりいし》の動き傾く事なく、天真名井の真清水のつきることなき御栄えを千代に八千代に守り恵み幸《さきわ》へ給へと恐《かしこ》み恐み白《もう》す。

「今日を生日の足日と選び定めて」の「生日の足日」とは、ものごとが生気にあふれ、何事も満ち足りた日という意味で、起工の日を祝うことばである。後藤宮司が渾身の思いを込めて起草した祝詞は、コンクリート三面張りで治水を行ってきた時代から自然豊かな川づくりをめざす「多自然川づくり」への劇的転換を見事に綴る表現となっている。しかも、高千穂町の文化的な伝承を踏まえて、河川整備工事の実現へと向かう決意の祝詞であった。

高千穂神楽

起工式の日から時を十二年戻すと、神代川再生のスタートなった二〇〇四年のワークショップの翌日、わたしは、高千穂神楽を見学した。十二月三十日の冬至の日であった。

高千穂神楽は、晩秋から真冬にかけて、高千穂町内の集落で行われる。観光客のためには、高千穂神社の神楽殿で毎日舞われているのでいつでも鑑賞することができるのだが、本来は、集落のなかの神楽宿といわれる家が舞台となる。

その日は、神代川上流の浅ヶ部集落の農家が神楽宿になっていて、神楽の一部始終を見学することができた。神楽宿には、幟《はた》が建てられ、近隣の磐下大権現社《いわしたたいごんげんしゃ》から氏神様をお迎えする座がしつらえられた。午後三時ごろに地域の人々の行列が神社に向かい、神輿《みこし》で神を導いた。神楽宿の入口に立てられた幟には「熊野大権現」とあるから、本地垂迹説《ほんじすいじゃく》という、日本の神々と仏たちとが一体となった思考形態のもとにあったことがわかる。

熊野神は、和歌山の熊野とも関係しているが、その淵源は、出雲の熊野大社にある。熊野大社の祭神はスサノオである。スサノオは出雲の建国神である。どうして、高千穂の神楽で出雲の建国神が迎えられたのだろうか。スサノオは仏教の薬師如来が日本の地に立ち現れたものとされたので、薬師信仰と一体になっていたということだろうか。

さて、神の座は、神楽宿の前庭にしつらえられていて、舞台となる座敷との間に縁側があり、そこがわたしたち観客の席である。

神楽が始まったのは、午後五時ごろであった。あたりが暗くなるころ、庭先のドラム缶に火が焚かれ、青竹に焼酎を入れた筒酒が振る舞われる。なにしろ、例年になく遅い冬至であった。

神楽が始まると、ほしゃどん（奉仕者）といわれる舞手は入れ替わり立ち替わりで三十三演目を演じる。休憩は、夜明けの一時間ほど。翌日のお昼近くまで続く。全部鑑賞するためには徹夜である。座ったままでは、腰も痛くなる。時々、庭に出ては、燃える薪で温めたカッポ酒を飲みながら暖をとる。深夜になると、家路につく人たちもいるので、縁側の席が空く。そこに坐ってつぎの演目に見入るのである。

子どもたちが寝入った深夜に演じられるのは「御神体《ごしんたい》」という演目で、大人だけが鑑賞できる。イザナギノミコト（伊弉諾尊）とイザナミノミコト（伊弉冉尊）の舞である。「酒こしの舞」といわれ、二神が米の酒をつくり、飲んで和やかに舞う。ときに、イザナギが舞台から飛び出して女性客のほうに寄っていくと、イザナミが引き戻したりして、鑑賞者の笑いがひとしきり暗い夜空に響いたあと、つぎの演目へと移ってゆく。

たくさんの演目を経て、舞台はいよいよ盛り上がってゆく。第二十四番「手力男《たぢからお》」、第二十五番「鈿女《うずめ》」、第二十六番「戸取り」、第二十七番「舞開《まいひらき》」、第三十一番「注連口《しめぐち》」といった演目で、フィナーレは、第三十三番「雲下ろし」である。

岩戸開きが高千穂神楽のクライマックスである。アマテラスが洞窟に隠れてしまうと、世の中が真っ暗になる、というのは、アマテラスは太陽だからである。太陽が隠れてしまうということが何の象徴かというと、いろいろ解釈があるだろうが、一つは、冬至の日に神楽を舞うということから推測できる。もう一つは日蝕だろうか。しかし、冬至から日は延び、日蝕は不吉ではあっても恐ろしいことが起きたり、長く続いたりするわけでない。

もっとも納得のいく説明は火山噴火である。なにしろ高千穂は、阿蘇山の外輪山に位置している。

実は、「高千穂」の地には、高千穂町とは別のもう一つの候補がある。九州山脈の南に位置する霧島山の高千穂峰である。霧島火山帯にあって、いまもなお活発な火山活動を展開している地域のなかにある。

霧島山の南には桜島がある。桜島は姶良《あいら》カルデラの一部であり、さらに南に鬼界カルデラもある。鬼界カルデラの大噴火は、七千三百年ほど前に起きていて、霧島山から西南に伸びる長大な尾根上にある上野原遺跡は、この噴火によって埋まった縄文人の住居跡である。縄文の伝承が弥生世界に伝えられても不思議ではない。

いずれにせよ、アマテラスが洞窟に隠れたことで、世界が真っ暗になり、数々の恐ろしいことが起きたのである。

岩戸隠れの理由を思い描きながら神楽を見続けていると、最後の演目になった。

舞台の天井には幕が張られている。そこから白く細い綱が取り出されると、観客も含めた人々がその綱を引く。神楽の音曲が最高潮に達すると、天井からつるした幕が落ち、紙吹雪が舞う。「雲下ろし」である。

すべての演目を終えたあと、高千穂神社の後藤俊彦宮司が挨拶に立った。雲下ろしの綱引きは、以前は、男性だけで行っていたが、女性も参加できるようにしたという。その言葉を聞いて、長い伝統を引き継ぎながらも、時代の流れに沿おうとする地域の懐の深さを感じることができた。岩戸開きを見て、わたしの心には単純な疑問が浮かんだ。どうしてアマテラスは洞窟に隠れたのか。神話では弟にあたるスサノオとの対立が理由であった。では、どうしてトラブルになったのか。

姉神と弟神はどうして対立したか

高千穂神楽の見学から自宅に帰ったわたしは、本棚から『古事記』を取り出して、あらためて神代の記述に目を通した。

スサノオの父、イザナギは、黄泉の国に行ってしまったイザナミを追いかけていき、その恐ろしい姿に逃げ帰った。筑紫《つくし》の日向《ひむか》の橘の小戸《おど》の阿波岐原《あわぎはら》というところで禊ぎをして、たくさんの神々を生む。その最後に生まれたのが、アマテラス、ツクヨミ、スサノオである。イザナギはアマテラスに高天原を支配させ、ツクヨミには夜の国を、スサノオには海を与えた。ところが、スサノオはその命に従わず、泣きわめいてばかり。その激しさで、山は枯れ、海も干上がってしまったという。「悪しき神の音《こえ》は、さ蠅《ばえ》如《な》す皆満ち、萬《よろづ》の者の妖《わざわひ》悉に発《おこ》りき」といったありさまである。

「悪しき」が「神」に係っているか、「音《こえ》」に係っているか、微妙であるが、『古事記』の編纂者は、スサノオをとにかく「悪しき神」に仕立てたかったようだ。

スサノオは、母イザナミに会いたいと泣きわめくので、父神のイザナギに追放されて、姉神のアマテラスに会いに行こうとする。

『古事記』には、アマテラスの様子がつぎのように書かれている。


「わたしの弟が上ってくるというのは、きっと善い心からではあるまい。わたしの国を奪うつもりで来るにちがいない」と仰って、ただちに御髪を解いて、男装の角髪《みずら》に束ね、左右の角髪にも御鬘《みかづら》にも、左右の御手にも、みなたくさんの勾玉を貫いた長い玉の緒を巻きつけ、背には千本も矢の入る靫《ゆき》を負い、脇腹には五百本もの矢の入る靫をつけ、また臂には威勢のよい高鳴りのする鞆《とも》をお着けになり、弓を振り立てて、堅い地面を股まで没するほど踏み込み、淡雪のように土を蹴散らかして、雄叫びをあげて待ちうけ、「どういうわけで上ってきたのか」とお尋ねになった。


これに対してスサノオは答えて、赤心、すなわち清らかな心であることを示そうとする。

すると、アマテラスは、「しからば、汝の心の清く明《あか》きはいかにして知らむ」と尋ねる。この問いに、スサノオは、「各、誓《うけ》いをして子を生まむ」と答えて、それぞれが子を生むのである。

「誓い」とは、「これこれであるなら、こうである。これこれでないなら、こうではない」という前提を立て、実際どうなるかによって、その前提が成り立つかどうかを見る、いわば古代の占いである。

アマテラスがまずスサノオの剣を三段に折って口に含み、霧を吹くと三女子が生まれた。つぎにスサノオがアマテラスの玉を口に含んで霧を吹くと、五男子が生まれる。

それぞれの持ち物を交換して子を生んだのであるが、『古事記』では、スサノオがアマテラスの玉によって五男子、アマテラスがスサノオの剣によって三女子を生んだことになっている。

すると、アマテラスは、スサノオが生んだ男子は、自分の玉から生まれたものなので、自分の子であると宣言する。スサノオは、

吾が心清く明し。故、吾が生める子は手弱女を得つ。これによりて言《もう》さば、自ずから我勝ちぬ

と言って勝利宣言し、高天原で乱暴狼藉を働く。これを見て、アマテラスは恐れて岩戸に隠れたというのである。

この誓いの一説を読んで腑に落ちないことがあった。

スサノオは父イザナギが黄泉の国から逃げ帰ったあと禊ぎをしたことで生まれたのであるが、そのスサノオがイザナミに会いにゆく、という話も奇妙である。もう一つ、どうしても合点がいかなかったのは、スサノオがアマテラスに挨拶に赴いたとき、アマテラスが男装で武装し身構え

ていたことである。まったく戦闘モードなのである。

アマテラスの結った角髪とは男子の髪型であり、その重装備といい、待ち構える姿といい、尋常ではない。しかし、驚いたことに、誓約に勝ったと誇って暴れるスサノオを見たときアマテラスの態度は豹変する。

そのいきさつを見てみよう。スサノオは、女子を得たので勝ったといい、勝ちさびに、すなわち、勝ちにまかせて乱暴を働く。

田の畦《あぜ》を壊し、田に水を引く溝を埋め、またアマテラスが新嘗祭の新穀を召し上がる神殿に糞をひりちらして穢した。このような乱暴をしたときにアマテラスはこれをとがめずに仰るには、「あの糞のように見えるのは、酒に酔ってへどを吐きちらそうとして、わが弟は、あのようにしたのであろう。また田の畦を壊したり、溝を埋めたりしたのは、土地がもったいないと思って、あのようにしたのであろう」とよい方に解釈するけれども、なおもスサノオの乱暴は止むことなく、ますます激しくなった。

また、アマテラスが神聖な機屋《はたや》に行き、神に献上する神衣を機織女《はたおりめ》に織らせていたとき、スサノオはその機屋の棟に穴をあけ、まだら毛の馬の皮を逆さに剝ぎ取って、穴から落としいれたところ、機織女は、梭《ひ》で陰部を突いて死んでしまったという。

ここで付け加えておけば、『古事記』では、スサノオは「女子を生んだから勝ちだ」と言っているのに対し、『日本書紀』に記載される記事を読んでみると、スサノオは、勝負の条件として、

『古事記』とはまったく逆のことを言う。

もし吾が所生《う》めらむ、是女ならば、濁《きたな》き心有りと以為《おもほ》せ。もし是男ならば、清き心有りと以為せとのたまふ

と記している。これは、自分が女子を生んだら、勝負に負けるということである。スサノオは、アマテラスの玉から五男子を生むのであるが、こちらの場合にも、アマテラスは自分の玉から男子が生まれたので男子は自分のものだといい、女子はスサノオのものとする。『古事記』では、この場合、スサノオは勝利したのだろうか。どちらにしても、スサノオは乱暴狼藉を働くのであるが、『古事記』のように、「勝ちさびに」、つまり、「勝ち誇って」とは書いてない。いずれにしても、スサノオは乱暴狼藉を働き、追放される。また、どちらにしても、アマテラスは、のちに皇統の起源、皇祖になる。どうしてなのか。不思議である。

もう一つ、わたしが抱いた疑問は、スサノオの乱暴の話につづく次の簡単な一節である。

これを見て、アマテラスオオミカミは恐れて、天岩屋の戸を開いて中におこもりになった。

『古事記』では、「畏《かしこ》みて」とある。「おそれて」という意味である。『日本書紀』には、「怒って

わらず、アマテラスは、戦わずに岩戸に隠れたというのである。

スサノオの所業は恐るべき罪である。田の畦と溝を壊し、神殿を穢し、神の衣を織る機屋を蹂躙して、馬の皮を逆剝ぎにするなど、「天つ罪」「神つ罪」といわれる大罪である。

スサノオの振る舞いを見て恐れて岩戸に隠れてしまったということには、当初の戦闘態勢にあったアマテラスの姿との違いに大きな断絶を感じるのである。記紀の編纂者はどうしてこのような物語をこの大事な場面の記述として採用したのだろうか。この記述は、スサノオとアマテラスの関係、ひいては、出雲系の神々と高千穂・日向系の神々との関係を示すもっとも大切な箇所であるのに、ストーリーとそのロジックは、あまりに乱暴である、あるいは、破綻しているというのがわたしの印象であった。

文章は、自分で書くときは、「読むひとの身になって書け」、ほかの人の文章を読むときは、「書いた者の身になって読め」というのがわたしの大学での教育のエッセンスの一つである。書いたことばでなくても、「聞くひとの身になって話せ」「話す人の身になって聞け」というのが公共事業での対立・紛争を解決するときに、研究室の学生たちに常に言うことばであった。

記紀の編纂者はどのような意図をもって、この一見ロジックを欠いた物語をここに記載したのだろうか。

アマテラスの態度の変容はあまりにも唐突で前後の話が断絶している印象である。どうみても、（立腹して）」という表現もあるが、いずれにせよ、力づくでの対決の決意を固めていたにもかか

に感じるのである。

読者や解釈者の考えを考慮した上で記述してはいない。むしろ、自己都合のこじつけであるよう

いま述べたのは、アマテラスが岩戸に隠れた動機に関する疑問であるが、もうひとつは、どうして姉であるアマテラスと弟であるスサノオは対立したのかという疑問である。

『古事記』にはないが、『日本書紀』には、姉弟の対立の原因として興味深い記事があった。スサノオは、高天原で乱暴を働いたが、そのもっとも重い罪の一つが田の畦を壊し、水路を埋めたことである。すると、『古事記』に記載の文章から、アマテラスは、水田耕作をしていたということがわかる。一九六三年に刊行された岩波文庫『古事記』の表紙には、タイトルの下に縄文時代の火炎土器の写真が置かれているが、これは不似合いである。記紀の神々の時代は、縄文ではなく、水田耕作をする神々の時代、弥生の時代なのである。

姉弟喧嘩の原因として『日本書紀』に記載の一説の挙げる理由は、姉と弟の相続争いであるという、非常に合理的なものであった。姉は父からよい田を相続し、弟は悪い田を相続したという。よい田は、「長田」、「狭田《さなだ》」、「垣田」と述べられている。垣田とは、石垣で出来た傾斜地の水田であろう。山間地の水田、棚田を想像させる記述であり、たしかに、「日本の棚田百選」にも選ばれている高千穂の水田にぴったりの表現にも感じられる。

ちなみに、「長田」や「垣田」は、日本人の姓として一般的であるが、「狭田」はどうだろうか。狭く細い田はとてもいい田であるから、「狭田」は「真田《さなだ》」となる。とすれば、「真田」のもとも

との意味は、「狭田」ということになる。

話をもとに戻すと、狭くて長い田とは対照的に、スサノオが相続した田は、「川寄田《かわよりだ》」「株田《かぶた》」といわれて、川のそばの切り株の田んぼ、つまり、川のそばで切り開かなければならない田で、いつも洪水と干ばつに脅かされている田んぼである。

『古事記』と『日本書紀』を読んだとき、わたしは、どうして棚田のほうが川のそばの田よりもよい田なのか不思議に思った。山に田をつくることは川のそばにつくるよりもより労力がかかり、技術も必要ではないか。実際、高千穂の棚田は、明治末期から大正初期につくられたという。

さらに、川のそばの田よりも棚田のほうがよいのは、言い換えれば、スサノオの田よりも、アマテラスの田のほうがよい田なのは、アマテラスの田がそばに住むことができるのに対し、スサノオは水害のリスクに備えて、離れたところに住まなければならないからと『日本書紀』に記されている。どうやらアマテラスの棚田は、高千穂の棚田とは違うらしい。

いずれにしても、アマテラスとスサノオの相続には不公平が生じた。相続による分配に不正があったというのがスサノオの言い分である。アマテラスの不正義に対して、スサノオは反発し、乱暴狼藉にいたったと書いてあるのである。

神々にも相続関係があったということも驚きであるが、神々の間でも相続争いから恐ろしい紛争に発展する。その帰結は、ちょうど太陽が隠れてしまったときのように世界中を巻き込んだ大変な状況を引き起こす。そのようなことがアマテラスとスサノオの姉弟喧嘩には暗示されている。

その紛争解決の物語が、岩戸開きなのではないか。

ダム問題や河川改修など、地域の公共事業をめぐる対立紛争にかかわってきたわたしは、アマテラスとスサノオが水管理と相続をめぐる紛争の原型となっていることに気づいた。少なくとも、そのような趣旨で『日本書紀』の記録に残した編纂者たちは相続のことを書き記したのである。

では、この紛争の決着はどのようになされたのか。面白いことに、記紀には、スサノオが高天原から追放されたことが簡潔に書かれている。

ここに八百萬の神共に議《はか》りて、速須佐之男命《はやすさのおのみこと》に千位《ちくら》の置戸《おきど》を負《おお》せ、また鬚《ひげ》を切り、手足の爪も抜かしめて、神《かむ》遂《や》らひ遂らひき。

「千位の置戸」とは、汚れを祓うための多くの品物のこと。男のシンボルである鬚を切り、手足の爪を抜いたというのも厳しい処置だが、それよりも注目されるのが、スサノオを裁いたのが八百万の神々の合議だったという点である。議論を尽くしての合意形成が日本的意思決定の根幹にあったという点にわたしは驚いた。

そう考えると、思いあたることがもう一つあった。

高千穂神楽のクライマックスに至る演目「手力男」では、タヂカラオがアマテラスの隠れている岩屋をさぐりあて、ウズメと入れ替わる。ウズメは、アマテラスを外に引き出そうと、岩戸前で舞う。そのあとタヂカラオが岩戸を担ぎ上げ、投げ飛ばす。祝いの舞があり、最後に、雲を下ろす。紙吹雪が舞ってフィナーレとなる。高千穂神楽のクライマックスである。

しかし、記紀の神話で重要なのは、タヂカラオとウズメのはたらきは、二神のオリジナルな振る舞いではなく、アマテラスの岩戸隠れの解決戦略が、八百万の神々の合議によってデザインされたということである。

八百万の神々の合議の場という伝承のある高千穂町岩戸川上流の天安河原

　八百万という、そんなに多くのメンバーが集まった会議が成功することなど不可能であろう。これがいくつもの地域の対立・紛争の解決と関係者の合意形成に関わってきたわたしの実感である。ところが、岩戸開きの話し合いは、ひとりのリーダーのもとに進められた。タカミムスヒノカミ（高御産巣日神）の子、その名を「オモイカネノカミ（思金神・思兼神）」という。

　オモイカネは、衆議をまとめるのに長《た》けた「包括的な知恵をもつ神」という意味の名をもつ神である。その「岩戸開き」戦略は、まず、長鳴き鶏をたくさん集めて鳴かせる。つぎに、いろいろ工夫して、まずアメノウズメの舞で神々に哄笑させ、不思議に思ったアマテラスが岩戸からのぞき見ると、アメノコヤネノミコト（天児屋命）が祝詞をあげたところをタヂカラオが岩の戸をかつぎあげ、投げ飛ばして、アマテラスを引き出す。こうして、世の中が治まるというストーリーである。このプロセスを戦略として組み立て、見事実行したのであった。

アマテラスを窮状から助け出し、またアマテラスにそのような窮状をもたらしたスサノオを罰する。そのような立場に立つオモイカネこそ、神々の紛争解決をデザインし、また、決着に導く知恵の神である。

八百万の神々がスサノオの処断を合議したとき、その議論をリードした神は言及されていないが、記紀の編纂者たちは、そこにオモイカネの存在を示唆していたにちがいない。

さらに、『古事記』によると、オモイカネは、岩戸隠れの問題解決の功績もあって、アマテラスからきわめて重要な役割を与えられることになる。

ニニギが高天原から高千穂に降臨する際、アマテラスは、付き従う神々にいわゆる三種の神器である勾玉と剣と鏡を与える。鏡については、神々に対して「これの鏡は、専ら我が御魂《みたま》として、吾が前を拝《いつ》くがごとく、斎《いつ》き奉れ。次に思金神《おもいかねのかみ》は、前の事を取り持ちて、政《まつりごと》せよ」と言う。他の神々には鏡を自分のように拝するように言うのだが、オモイカネは他の神から区別して、「前」つまりアマテラスの行うことについて、「取り持ちて」つまり「取り仕切って」政事を行うように命じるのである。あたかも全権委任で、オモイカネと他の神々の役割は、明確に区別されている。『古事記』の編纂者は、オモイカネを「常世《とこよの》思金神」とも呼んでいて、「永遠なるオモイカネ」ほどの意味か、絶賛しているのである。

さらに、鏡（アマテラスの御魂）とオモイカネは、五十鈴宮、つまり伊勢神宮に祀られていると記されている。

こうして、高千穂神話には、日本の合議システムの原型と合意形成の知恵の重要性、そして、合意を導く包括的知恵をもったリーダーの資質とその役割の指名についての言説が組み込まれていることに気づいて、わたしは驚いたのであった。

第Ⅰ部

出雲の神々の世界へ

第一章
スサノオの国づくりと和歌の起源――出雲平野の「我が心すがすがし」

荒神谷《こうじんだに》遺跡

高千穂から帰ったわたしは、『古事記』と『日本書紀』を読み、なんとしても出雲に出かけなければならないと思った。実際に出雲に出向いたのは、一ヶ月ほど経ってからである。

出雲訪問に際して、国土交通省の研修機関、国土交通大学校を通して出雲河川事務所に案内を依頼した。当時わたしは、「社会的合意形成」をテーマに講義を担当していたという縁があったからである。案内してくださったのは、国土交通省出雲河川事務所所長の内藤正彦さんである。

第一日は、宍道《しんじ》湖畔に近い出雲空港で内藤さんに会った。出雲そばの昼食のあと、わたしたちは、荒神谷遺跡、宍道湖畔の自然環境保全の施設ゴビウス、そして、松江市内の山陰合同銀行本店ビルの展望室を訪れた。太陽が美しく落ちる宍道湖の夕景を見ながら、内藤さんは、国土交通省が抱える難しい問題、宍道湖と中海《なかうみ》を結ぶ大橋川をめぐる治水とまちづくりの課題について丁寧に説明してくださった。宍道湖も大橋川も出雲の国を流れる斐伊《ひい》川の一部である。

斐伊川は、船通山《せんつうざん》を源流としている。古代の伝承では、鳥髪峰《とりかみのみね》といわれて、高天原を神々によって追放されたスサノオが降り立ったところである。

船通山を源流とする斐伊川であるが、いくつもの支川を集めて、まず北に向かい、やがて長大な尾根にぶつかって西に向きを変える。その尾根の末端近く、ひときわ高く目立ってそびえるのが仏経山《ぶつきょうざん》である。この山は、神名火山《かんなびやま》といわれ、神聖な山とされてきた。斐伊川は仏経山を含む尾根を回り込むようにして、北に向かい、出雲平野に出る。流れはやがて東に向かうので、ちょうど長い尾根を南北から挟むようになっている。流れは宍道湖に注ぐ。

斐伊川が宍道湖に注いだ地点から南岸を少し東に向かうと、尾根の裾野を南に向かう道がある。その道を上ったところにあるのが、荒神谷遺跡である。

「谷筋を上がったところ」と書いたが、その谷筋はとてもゆるやかで、谷地形ではあるが、明らかに流れる川というものはなく、細い水路が流れている程度である。いわゆる谷戸《やと》地形であった。

谷戸の頂部までは、水田が段々につくってあって、これこそ、長田、狭田《さなだ》である。斐伊川は確かに暴れ川で、治水には高度な技術が必要であるが、出雲の人々も、そのような技術を手に入れる以前には、荒神谷のような谷戸地形を利用して水田耕作をしていたに違いない。そのような印象を与えてくれる荒神谷の地形である。神話では、スサノオの田は、斐伊川のような大きな川のそばの川寄田と言われているが、古代出雲の田んぼには、こうした谷戸地形を利用した、いわゆる谷戸田もあったのである。

さて、荒神谷の荒神《こうじん》とは、「神が荒れる」のではなく、「神が現れる」の意味で、神々の立ち現れるところ、出現するところということである。いったん「神庭《かんば》」といわれる地点に出る。そこからやや登った丘の斜面に多数の銅剣が埋められていたのである。その数、なんと三百五十八本ということで、伝説の古代出雲王朝が歴史的に実在したことを示す証拠の一つとなった。

荒神谷にはどうしてこれほどの銅剣が埋められていたのだろうか。この謎には、多くの人々が挑戦したようだが、わたしの考えはこうだ。

「荒神谷」の名にあるように、この地は神のパワーの出現するところである。古代人にとって神の力を必要としたのは、自然災害からの救済であった。その根源は水である。水は過剰であれば洪水となり、水害を引き起こす。水害を治めることを「治水」というが、これは、洪水をコントロールするということである。他方、古代人にとっては、洪水よりもむしろ干ばつのほうが恐ろしかった。

洪水のとき、川をはさんで対岸の堤防が決壊すれば、こちら側は助かる。こちらの堤防が切れれば、向こうが助かる。だから、両岸の利害は対立する。これは上下流でも起きる。上流で洪水が起きれば、水は一時的に滞留するから下流への流量は低減する。上流で堤防を高くし、あふれないように工事してしまうと、下流の洪水リスクは高まるのである。だから、川では、川の左右の地区、上下流で対立・紛争がしばしば起きる。

自然災害のリスクで対立・紛争が起きるのは、川をはさんだ両岸どうし、あるいは、上下流地域どうしというだけではない。雨が降らず渇水が起きれば、右岸左岸、上下流は紛争のリスクに直面するが、渇水では、同じ地域内でも田んぼ一枚上か下かで水争いが発生する。だから、洪水よりも渇水のほうが地域紛争を引き起こしやすい。

ということで、雨が降らないときに頼りになるのは、地下水である。地下水を含む水脈は、山の頂から尾根筋を通ってその脇や末端から地上に流れ出る。その流れを利用すれば、川がなくても水田を営むことができる。対立・紛争からも逃れられる。アマテラスの田は長田、狭田といわれたが、谷戸に作られた原始的な田んぼであるならば、そうした紛争リスクにも晒されないで済む。いい田んぼなのである。

荒神谷の谷戸はちょうどそのような地形をしていた。谷戸の頂部から流れ出る湧水は、大雨で洪水になることもなく、渇水でも涸れることもない。出雲古代の人々は、このような水田耕作のことを知っていたにちがいない。

しかし、干ばつがつづくと谷戸の湧水も涸れる恐れがある。湧水が涸れることのないように、また雨をもたらしてくれるように祈る儀式を行うとすれば、長大な尾根の末端にある山、仏経山の神に祈るのがよい。仏経山は、神の鎮座する山、あるいは降臨する山である。

銅剣が埋められていた丘の上に立つと、木々の間からわずかに仏経山の頂が見える。その祈りの地と聖なる山は地下の水脈でつながっている。古代人はその地形に途切れることのない水の道を感じていたのである。

だから、仏経山の頂上を望む荒神谷で祈りを捧げ、多数の剣を埋納したことはきわめて自然のことであった。これがわたしの答えである。

剣の単位は「ふり」である。「一振り」「二振り」と数える。雨が降るの「降る」を掛けている。剣が雨をもたらすことは、スサノオのオロチ退治で尾から得た剣の名が「天叢雲剣《あめのむらくものつるぎ》」であることからも知られる。荒ぶるオロチは、洪水も渇水も引き起こす。その力の源が天に雲を湧き立たせる剣なのである。この剣は洪水も渇水もコントロールする力をもつ。その剣を用いて古代王権は、雨乞いの儀式をこの地で行った。「降らせる」力をもつ多くの剣を尾根の一角に埋めたにちがいない。

古代斐伊川の風景と和歌の起源

風景の襞《ひだ》の奥を訪ねると、古代の人々が愛した風景に思いが導かれてゆく。風景の奥に歩みを進めたいという思いを抱かせる空間である。「奥に行きたい」と思わせる力によって引き込まれる気持ちを「奥ゆかしい」という。まさに出雲の風景は奥ゆかしいのである。

『古事記』は七一二（和銅五）年に完成し、平城京で元明《げんめい》天皇に献上された。その翌年、元明天皇は、日本古代のもうひとつの書物、『風土記』の編纂を命じている。その七年後の七二〇（養老四）年、『日本書紀』が元正《げんしょう》天皇に献上されている。

『風土記』は全国で編纂されたが、いま完全な形で残るのは、『出雲風土記』だけである。不思議なのは、『出雲風土記』には、荒ぶるスサノオは登場しない。描き出されるのは、平和で豊かな国の風景である。その「奥ゆかしい」文章を読むと、古代出雲の人々がどんなふうに風景を見ていたかを知ることができる。

『風土記』の一節には、斐伊川の古代の風景がつぎのような文章で生き生きと描かれている。

> 出雲の大川は、源、伯耆と出雲と二つの國の堺なる鳥上山《とりかみやま》より流れて、仁多の郡横田の村に出て、すなはち横田、三處《みところ》、三澤《みつさわ》、布勢等の四つの郷《さと》を経て、大原の郡の堺なる引沼《ひきぬ》の村に出て、すなはち、来次《きすき》、斐伊、屋代、神原《かむはら》等の四つの郷を経て、出雲の郡なる多義《たけ》の村に出て、河内、出雲の二つの郷を経て、北に流れ、更に折れて西に流れ、すなはち伊努、杵築《きづき》の二つの郷を経て、神門《かんど》の水海に入る。此はすなはち、いはゆる斐伊の河の下なり。河の西邊は、或るは土地豊饒《ゆたか》に、土穀《たなつもの》、桑、麻、稔り枝垂り、百姓の膏腴《こうゆ》の薗なり。或るは土休く豊沃《ゆたか》にして草木叢《むらが》り生ひたり。すなはち、年魚《あゆ》、鮭、麻須、伊具比《いぐい》、魴《なよし》、鱧《はむ》等の類あり。潭湍《ふちせ》に雙び泳ぎ、河口より河上の横田の村に至るまでの間、五つの郡の百姓、河に便《よ》りて居る。孟春より起りて季春に至るまで、材木を挍《こう》する船、河中を沿泝《のぼりくだ》る。
>
> （注）膏腴の薗＝肥沃な土地

斐伊川の風景だけでなく、流域で営まれる人々の暮らし、集落の様子、川の恵みも描かれる。古代から斐伊川が船の行き来でにぎわっていたことを見事に描き出している。

斐伊川は、中国山地から流れ出る。その山々は、地下深く冷え固まってできた花崗岩が隆起し、長い年月の風化作用で形成された。風化した花崗岩は真砂《まさ》、あるいは真砂土《まさど》といわれ、崩れやすく、多くの地滑り地帯があって、その地形を利用して棚田が作られている。真砂土が含む砂鉄を材料に古代から鉄が作られてきたことは有名である。鉄穴流《かんな》しといわれる砂鉄の採取方法は、崩れやすい真砂土を人の手で崩し流す。穴とは鉱山の意味であろう。

人工の砂鉄採集によって大量の砂が斐伊川に流されると、その河床は上昇し、洪水を引き起こす。その斐伊川が出雲平野に出て急にゆるやかな傾斜になると、水に沈んだ砂が堆積して川に巨大なうろこ状の模様を描く。その姿は、ちょうど大蛇の姿である。斐伊川をコントロールすることは、この大蛇と戦うことを意味した。

出雲建国の神、スサノオの伝承はオロチとセットになっている。岩戸開きの高千穂神楽と対照的に、出雲神楽のクライマックスはオロチ退治である。

神話では、高天原から追放されたスサノオは、鳥髪峰をくだったとき、七人の娘を生け贄にとられた老夫婦と出会う。最後に残ったのがクシナダヒメ（奇稲田姫、櫛名田比売）である。スサノオは、クシナダを湯津爪櫛《ゆつつまぐし》という小さな櫛に姿を変えて、自分の髪に挿し、オロチと戦う。オロチは、ヤマタノオロチといわれる。ちょうど斐伊川流域が多数の支川からなっていて、斐伊川本流に合流するように、たくさんの頭と尾があるというイメージである。スサノオは、八つの樽に酒を満たしてオロチを酔わせた上で、退治する。その八本の尾の一つから取り出したのが天叢雲剣である。この剣の名称は、雨雲を湧き立たせる力をもつ剣ということである。この剣は、日本神話で、出雲系の神々と高千穂・日向系（ひいては大和系）の神々、さらには天皇家を結ぶ大切な役目を演じることになる。

斐伊川が出雲平野に出るところに農業用の取水堰がある。そこから長大な農業用水路が引かれて、荒神谷を擁する尾根の麓に沿って流れている。やや下ると、久武《くむ》神社がある。「久武」とは「雲」である。その社には、この地域でスサノオとクシナダが出会ったという由緒が記されている。

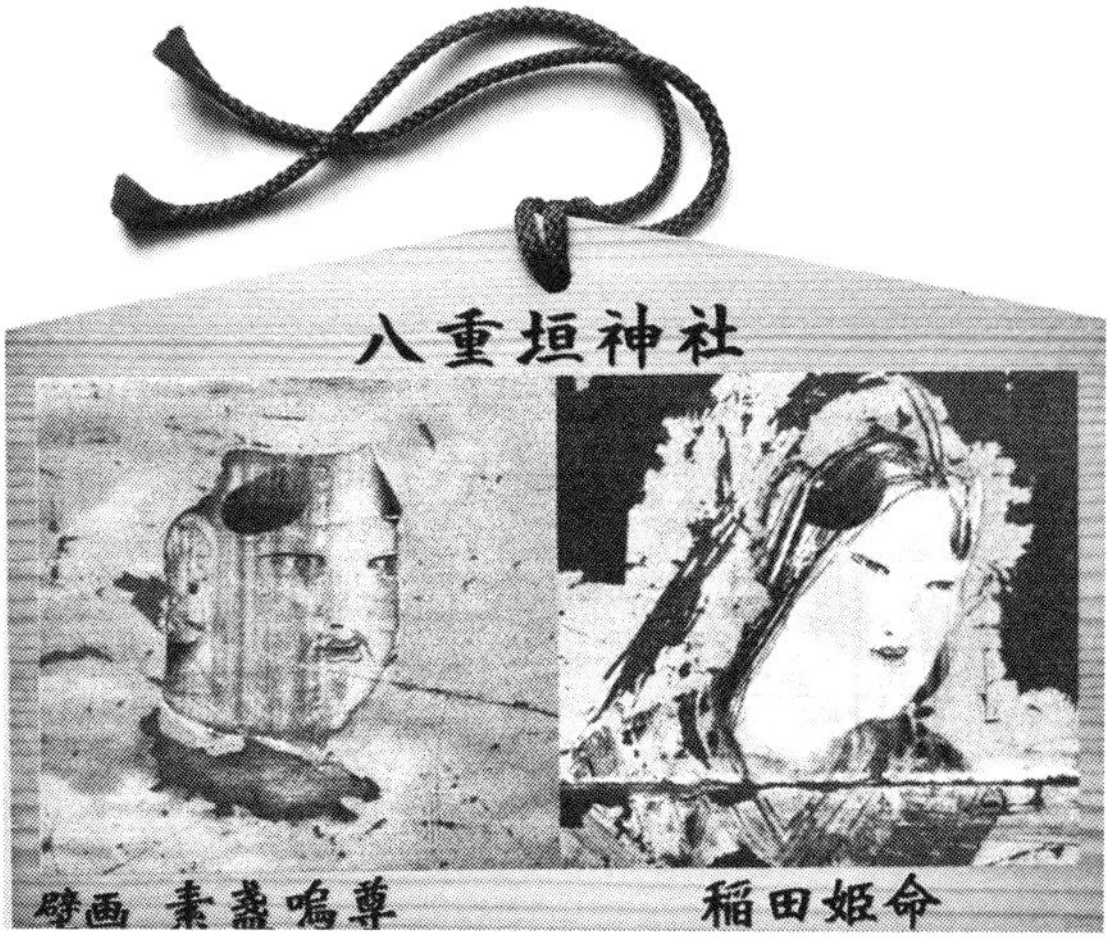

八重垣神社の絵馬のスサノオとクシナダの像

クシナダヒメの名は、「奇稲田姫」とも「櫛稲田姫」とも書かれる。また「櫛田姫」とも、単純に「稲田姫」ともいわれる。「すばらしい稲田の姫神」、あるいは「櫛のように目のそろった水田の守り神」ということであるから、スサノオが助けたのは、水田の守り神、水田によって豊かな実りをもたらす女神である。

オロチを退治したスサノオは、クシナダと結婚する。これが出雲建国の物語である。ということは、治水の力をもつスサノオと水田耕作の女神の結婚が出雲建国の起源ということになる。

そのほか、スサノオを祀った社として有名なのは、クシナダと新婚の宮とした八重垣《やえがき》神社である。八重垣神社には、古いスサノオとクシナダの像が残されている。古代以来人々が信仰の対象としてきたイメージは、オロチと戦う荒ぶるスサノオではなく、その力を秘めながらも、穏やかな表情をしている。

八重垣神社には、三本の、というよりも、三体の夫婦椿の木が大切に守られている。いずれもかなりの古木である。もと二本の木であったのが、成長の途中で癒合してあたかも一体であるかのような姿になった。スサノオとクシナダヒメの結婚にちなんで夫婦和合、子宝のシンボルとなっている。もう一本は、参道の前の道路を隔てて高く盛られた土の上に立つ巨木である。幹はまっすぐで、傘のように大きく枝がひろがっている。三本目は、本殿の裏手、恋占いの鏡の池に向かう道の脇にある巨木で、これも途中で二本の木が癒合している。

さて、スサノオはオロチを退治すると、「我が心すがすがし」と言って、歌を詠った。

出雲八重垣
妻籠《ご》みに
八重垣作る
その八重垣を

出雲では、晩秋、変化に富む雲が現れる。写真は、宍道湖とシルエットになった雲の姿

出雲とは雲が湧くという意味であるが、「八雲立つ」という言葉の通り、変化する雲の形と重なる山々、そして、複雑に入り組む渓谷と水の流れ、その流れが形成した出雲平野とその先に広がる宍道湖、そのすべてが風土の現象である。この土地の風土を端的に表現するのは、「八雲立つ」であり、その表現が和歌の起源とされるスサノオの歌に詠われている。

スサノオがオロチを退治して「八雲立つ」と詠ったとする伝承のなかには、この土地に生を与えられた人々が、風土の空間の表現をどう捉えたかという、その思いがにじみ出ている。その「八雲立つ」と詠ったのが、「我が心すがすがし」の「すが」にゆかりのある島根県雲南市大東町須賀の地に鎮座する須我神社であるという。

スサノオの歌が和歌の起源であるとの認識は、平安時代の『古今和歌集』の仮名序で紀貫之が書いたことばに示されている。

やまと歌は、人の心を種として、いろいろな言葉となった。世の中に生きる人は、さまざまな出来事に出会うので、心に思うことを見るもの聞くものにつけて表現したのである。花に鳴く鶯、水に棲む蛙の声を聞けば、生きとし生けるもので、歌を詠まないものがあるだろうか。力をも入れずして天地《あめつち》を動かし、目に見えぬ鬼神をもあわれと思わせ、男女の仲をも和らげ、勇猛な武士の心をも慰めるのは歌である。

この歌というものは、天地の開け始まったときから出てきたものであった。そうではあるが、この歌が世に伝わることは、天上においては下照姫《したてるひめ》にはじまり、地上にあっては、スサノオノミコトより起こったのである。

神の世には、歌の文字数も定まらず、ありのままに詠ったので、内容がわかりにくかったらしい。人の世となって、スサノオノミコトから三十一文字の歌を詠むようになったのだ。

オロチ退治を行った勇猛なスサノオが「我が心すがすがし」と言って和歌を詠んだことが、日本文化の源流となった。この逸話には、スサノオの「荒ぶる心」と「和魂《にぎみたま》」の両面性が如実に表れている。出雲建国は、自然の威力を治める強い力と人の心を慰める柔らかい力の両方をもつ神の物語である。

出雲神楽

出雲との縁がきっかけで知り合ったのが、まちづくりコンサルタントの鐘築《かねつく》一雄《かずお》さんと上田泰子さんである。

鐘築さんの案内で、あるとき須我神社に参拝する機会を得た。

社務所に挨拶すると、歌を奉納しませんかという。日本の和歌の発祥の地で和歌奉納の神事があり、その期間に思いがけなくも参拝したのである。和歌の発祥の地、須賀の地に鎮座する社の祭神はスサノオとクシナダである。

わたしたちは、色紙を頂き、社殿に上った。どんな歌を詠おうかと静かに息を整えたそのときであった。折から心地よい風が吹き込み、鶯の声がその風にのって内陣にまで届いた。そこで、わたしは、

吹く風と心に届く鶯のけふ聞く声に春は来にけり

と書き、神前に奉納した。

須我神社は斐伊川の支川、赤川のちょっとした谷間にあるのだが、社殿の脇を登った山には大きな磐座《いわくら》が奥宮となっている。神の依るところ、それが依《よ》り代《しろ》であり、社《やしろ》であるから、この磐座こそ社の原型である。

須我神社に戻って北側の道を上ってゆくと、突然視界が開け、こんなところにこれほど見事な棚田があるのだろうかと思わせるほどの風景が広がる。山王寺地区の棚田である。出雲の重なる山並みを展望するこの棚田は、日本の棚田百選にも数えられている。

ご多分にもれず、この地域も少子高齢化で過疎の危機にあった。なにしろ細い山道を登らなければならない。須我神社から棚田までは、森林の覆いかぶさる細い道がつづく。冬には雪も積もる。

高齢化が進む地区では、水田の耕作を止める農家も出始めていた。棚田は、水を上から下の田へと落としてゆく。途中の田んぼが放棄されると水管理に大きな支障が出ることになる。一枚の田んぼの耕作中止は、地区全体へ波及する重大な問題であった。

なんとかしなければならない。そう思う地区の人々と、厳しい状況にある地域を支援したいという鐘築さんの思いが重なり、地域を元気づける活動がはじまった。その支援もあって、地域の人々は、農林水産省の「中山間《ちゅうさんかん》ふるさと・水と土保全対策事業」を進めてきた。その総仕上げとして企画したのがわたしの講演会であった。感極まったのは、わたしの都合に合わせての日程調整に加えて、特別に出雲神楽を舞ってくださったことである。

地域づくりの心構えと技術をテーマとした私の講演が終わると演壇が片付けられ、神楽の舞台と観客席になった。わたしは講演者の位置から観客席の最前列の席に導かれた。

山王寺の棚田。日本の棚田百選のひとつ。斐伊川源流の山々が展望できる

夕暮れが迫ると、笛と太鼓の演奏が始まった。左の袖から、悲しみにくれるクシナダとテナヅチ・アシナヅチが登場する。年老いた両親の悲しみ、恐ろしいオロチの姿、そして勇壮なスサノオ。太鼓と笛の調子に合わせて舞いながら、やがてオロチとスサノオの戦いへ。オロチはとぐろを巻きながら、その獰猛な姿を誇示し、観客席のわたしのほうへと襲いかかる。思わず身をそらすと、そのあとにスサノオの光る剣が目の前を横切る。曲はいよいよ盛り上がり、壮絶な戦いはクライマックスへ。のしかかったスサノオは、剣をオロチの首に突きさし、切り落とす。その頭を高々と掲げ、さらに、その尾から天叢雲剣を取り出した。救われたクシナダがテナヅチ・アシナヅチに手を引かれ、スサノオと結ばれる。

神楽が終わると、山王寺の女性たちによる手料理での歓待である。女性たちは神楽を舞台裏で支える役割で、実はゆっくり男たちの舞を見たことがないという。山王寺は、女系集落で、男性を外から迎える家が多いと聞いた。女性たちは、出雲の山上で男たちを迎え、その土台を支えてきたのである。

山王寺では、見事な水田の風景のなかに出雲神話のスサノオ伝承が深く根付いていた。

天叢雲剣

スサノオがオロチの尾から取り出した剣は、天叢雲剣といわれる。この剣がやがてアマテラスから大和王権へと引き継がれ、勾玉と鏡とともに三種の神器のステイタスを得るのであるが、この剣はいったいどのような意味をもっているのだろうか。

荒神谷に埋められていた多数の銅剣の意味にもつながると思われるが、「天叢雲」は、雨をもたらす力をもつ剣である。「雨をもたらす」といっても二つの意味がある。それは作物を育てる恵みの雨をもたらすという意味を基本とするが、雨は適量が降るとはかぎらない。それどころかオロチがクシナダヒメを求めたのは、その荒ぶる力を収める代償としての生け贄の要求である。オロチが雨をもたらすパワーを行使するとき、多量に降らせれば、川は洪水となり、田んぼに溢れて水害をもたらす。他方、雨が降らないようにすれば、渇水になる。どちらにしても人々は苦しむことになるのである。

スサノオがオロチを退治して天叢雲剣を手に入れたということ、そして、稲の田の女神と結婚したということは、水をコントロールする力を手にいれた神と水田耕作の女神との結婚によって、出雲建国がなされたということである。スサノオは建国の祖にふさわしく治水と利水の知恵と力を得たということである。

山王寺に伝わる出雲神楽。スサノオとオロチの壮絶な戦いの場面

天叢雲剣は、出雲の国譲りと天孫降臨を経て、天皇のもとに至る。つぎにこの剣が登場するのは、神々の系譜をはるかに降って、第十二代景行天皇が皇子ヤマトタケルに東国の征圧を命じるときである。景行天皇の妹にあたるヤマトヒメノミコト（倭姫命）が伊勢の地で東国に旅立つヤマトタケルに与えるのである。ヤマトタケルは駿河国に至ったとき、敵に襲われるが、この剣によって難を逃れる。火をかけられたとき、この剣によって草をなぎ倒して危機を逃れるのである。このことをもって、天叢雲剣は、草薙剣《くさなぎのつるぎ》といわれることになった。ヤマトタケルは東征から帰るとき、伊吹山で神に挑み、病を得て、やがて白鳥となって飛び立つ。草薙剣は、尾張の熱田神宮に納められたという。

つぎに草薙剣が登場するのは、さらに時代が降って、天智天皇、天武天皇の時代である。『日本書紀』の「天智紀」には、盗まれた草薙剣が戻ってきたという話がある。また、「天武紀」には、天武天皇が病を得たとき、その原因を占ったところ、「草薙剣の祟り」であるというお告げがあったというエピソードも書かれている。

天叢雲剣をめぐる物語は、神話から歴史へとつながってゆくのである。

第二章

斐伊川水系大治水計画——昭和・平成のオロチ退治

世紀の大治水事業と紛争解決の仕事

出雲を訪れて、荒神谷《こうじんだに》や宍道湖、大橋川をめぐってから半年ほど経った二〇〇五年の夏の日、出雲河川事務所の内藤正彦所長が面会を求めてきた。大学の研究室で話を聞くと、松江で説明のあった大橋川の治水事業を開始するので、協力してほしいということである。

わたしが大橋川の事業に招かれたのは、それまで培った社会的合意形成の研究と経験があったからである。

国の事業としては、二つのダム問題にかかわる社会的合意形成の仕事に従事したことがあった。一つは、大阪湾に注ぐ淀川の支川、木津川上流に建設計画のある川上ダムの問題で、もう一つは、有明海に注ぐ筑後川の支川、城原川の上流に計画された城原川ダムをめぐる建設是非の問題である。どちらも紛糾するダム問題で、賛否両論が渦巻くなか、川上ダムの問題では、行政と市民の間で行われた住民対話集会での進行役として、城原川ダムの問題では、城原川流域委員会の委員として議論に参加した。こうした仕事と並行して社会的合意形成のあり方について研究し、勤務先の東京工業大学でも講義を行っていた。

それだけではなく、国土交通省の職員のための研修機関である国土交通大学校でも、年何回かの講義を行っていた。どの講義も「合意形成」についてであった。

出雲河川事務所所長の依頼を受けて、出雲の神々に呼ばれていると直感したわたしは、二つ返事で要請を受けた。大橋川周辺まちづくり検討委員会のメンバーとして再び出雲を訪れたのは、その年の十一月であった。

大橋川の改修を含む斐伊《ひい》川治水は、委員会の発足を遡ること三十年以上も前に始まった国の大事業であったが、いろいろなトラブルがあり、とくに大橋川治水は最後に取り残されていた。対立する論点が持ち上がるたびに、マスコミが対立を煽り立てるような記事を書いた。

河川をめぐる対立紛争には、右岸と左岸、上流と下流の対立があるということはすでに述べた。もし上流から事業を始めると、上流部の洪水を止めることを優先することになってしまう。上流で洪水がなくなると、それまであふれていた水が下流に押し寄せてしまうので、下流があふれてしまう。だから、河川の整備は下流から行うのが本道である。

ところが、斐伊川では、最下流部の中海《なかうみ》で、農林水産省直轄の中海干拓事業が暗礁に乗り上げていた。干拓の是非をめぐる論争が長くつづき、開始された干拓は中途で中止となった。そのほ

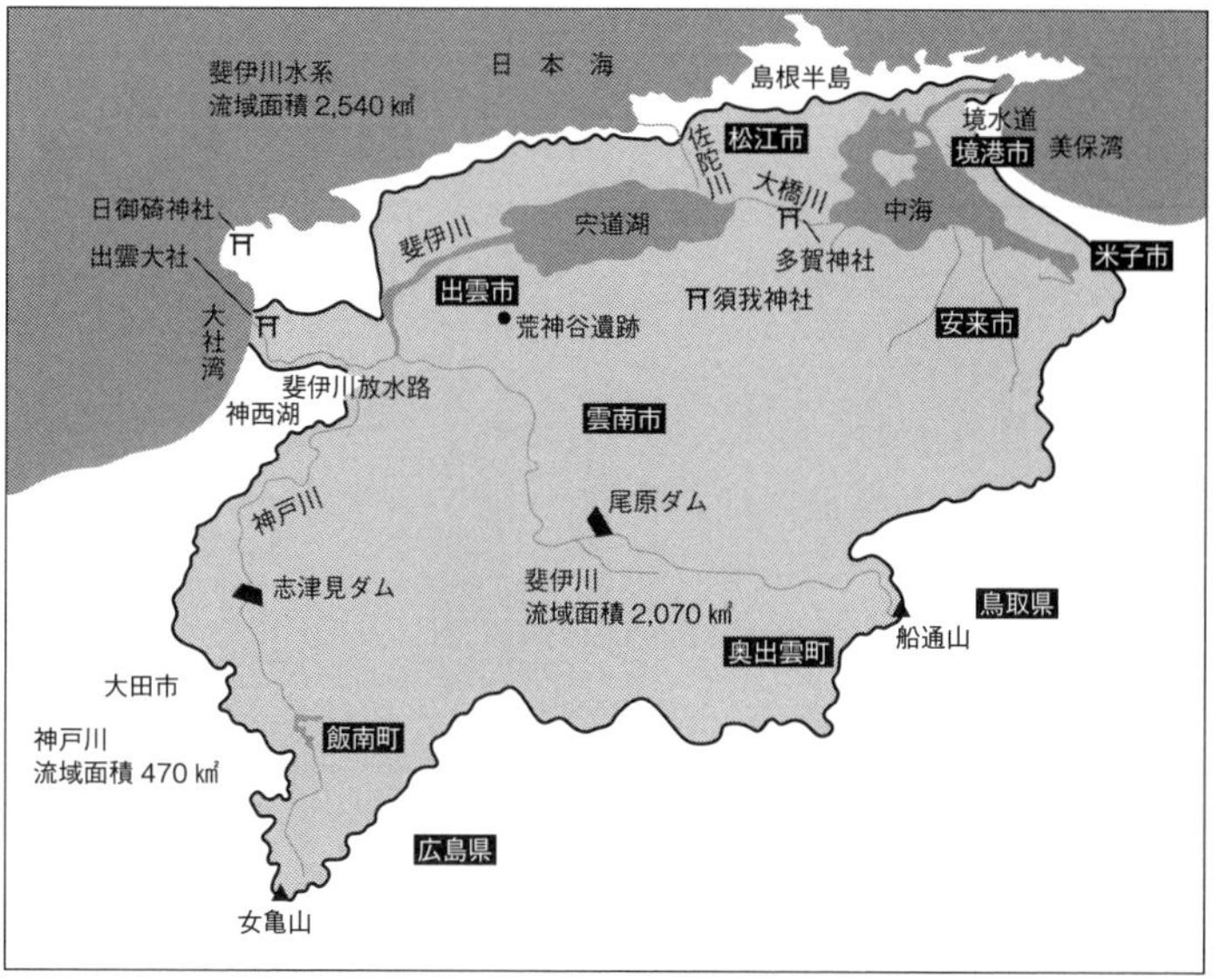

斐伊川・神戸川流域図

か中海と宍道湖を結ぶ斐伊川の一部、大橋川の下流部では土地の収用もはじまったのであるが、これもトラブルで中断したまま放置されて、長い年月が経過していた。

そこで旧建設省では、下流からの治水事業を断念し、できるところから始めるということで、上流にダムを建設することにした。これが尾原ダムである。ただ、このダム一つでは、洪水を抑えられないということから、斐伊川が出雲平野に出る直前に水位の上がった水を排出する斐伊川放水路を計画し、その建設に着手していた。ただし、この放水路は直接海につなげることができなかったために、斐伊川の西側を南から北に流れる神戸《かんど》川《がわ》につなげる計画とした。ところが、こうすると、大雨のときには、神戸川が斐伊川の水も併せて増水する危険がある。そこで、もう一つのダムを神戸川の上流につくることにしたのであった。これが志津見ダムである。

こうして、斐伊川の治水は、二つのダムと一つの巨大放水路、これに加えて、松江市内を流れる大橋川改修という「三点セット」で行うことになった。「大橋川周辺まちづくり基本計画」策定の開始は、上流の尾原ダム、志津見ダムと斐伊川放水路の工事が進むなか、それまで中断していた大橋川治水に着手するためであった。

いまも述べたように、斐伊川治水の事業はずいぶん前から始まっていたが、一九九七年に河川法が改正になり、斐伊川水系でも「斐伊川水系河川整備計画」の策定が進められた。しかし、整備計画に組み込むべき重要な部分である松江市内だけは、人々の間で意見の対立が激しく、行政は手をつけないでいた。

「大橋川周辺まちづくり基本計画」は、法定計画でないまちづくり計画、すなわち、国の法律でつくることが定められているのではない計画である。なぜなら、大橋川の問題は、国だけでは、その複雑な課題に対応することができなかったからである。

斐伊川は、宍道湖から流れ出て、中海に注いでいる。その間の区間が大橋川である。中海への接続部は両岸の丘陵が川岸まで迫って、流路が狭窄している。いわゆるボトルネックである。大雨がふると、そこでブロックされた水が上流部の松江の市街地まで遡上し、溢れてしまう。

「大橋川周辺まちづくり基本計画」策定のための市民意見交換会の様子。ファシリテータを務める筆者

大橋川の課題は、ほかにもあった。斐伊川上流の自治体や最下流の鳥取県を含む上下流問題に加えて、そもそも大橋川には堤防がなく、このことが良好な水辺景観を形成していた。また、日本海から海水が遡上する汽水域では豊かな生態系が形成されており、鳥類保護のためのラムサール条約の指定地にもなっていた。さらに、宍道湖のシジミは全国的にも有名で、河川の改修はその生息に重大な影響を与えるのではないかという懸念があった。

以上のような空間的な制約のもとで、大橋川問題は、環境、景観、観光を含む地域活性化、資源管理など、河川法という法律の基盤の上だけでは、身動きできない多様な課題を含んでいたのである。

松江の美しい水景観の価値低下を心配する観光業者、シジミの漁獲量のことを考える漁業者、生態系の悪化を心配する環境保護団体や大学の研究者、大規模公共事業そのものに批判的な市民たちなど、それぞれの関心・懸念のもとにさまざまな対立する意見が飛び交っているという状況であった。

関係者たちは、行政が水の流れをよくするための拡幅、河床の掘削、築堤などに特化して事業を進めようとしているのではないかと考え、行政に対して批判的な言動を重ねていた。

計画策定のためには、事業者である行政と多様な意見をもつ市民の間の合意形成が不可欠であった。だが、合意形成の課題はこれだけにとどまらなかった。

現地を高いところから見れば、一目で、大橋川の治水は、大橋川の本川だけでは収まらないということがわかる。中央を流れる大橋川本川と分流して再合流する剣先川は国土交通省の所管であるが、ここを治めただけでは、松江の洪水をコントロールすることはできない。ほかに島根県の管理する天神川、京橋川、朝酌《あさくみ》川が平行して流れていて、狭窄部の川上で合流している。これらの川から溢れた水が逆流すると、市街地の配水管を通して、あるいは直接、松江の市内に逆流してしまう。いわゆる内水問題である。大橋川本川の管理は国土交通省、天神川や朝酌川は島根県、市街地の内水問題は松江市の責任である。

大橋川治水は、国土交通省、島根県、松江市の行政三者が共同で行わなくてはならなかったのである。社会的合意形成が難しいのは、行政と市民との対立だけでなく、行政機関間、行政機関内部の合意形成のプロセスも含むからである。しかも、国、県、市という行政組織はそれぞれの深い利害があり、相互不信もあって、担当者の間では、行政と市民の間の合意形成よりもやっかいだという意識が固定化していた。

要するに、大橋川問題は、地形上・地理上から発生する人々の対立・紛争の解決というだけでなく、市民どうし、行政機関どうしの合意形成も同時に達成しなければならない最も困難な問題であり、問題を解決するためには、相当高度なプロジェクトのマネジメントが必要であった。

大橋川中流域の多賀神社社叢。ホーランエンヤの祭は、十年ごとに催される。多賀神社前の船団

神々の風土を旅する

大橋川の治水事業に携わるにあたって、わたしが最初に行ったことは、上流から下流まで見て回ることであった。鐘築さんが一緒に斐伊川流域をめぐってくださった。また、松江市参事の松本純一さんも同行することも多々あった。斐伊川源流の船通山《せんつうざん》にも登った。

斐伊川流域にはたくさんの神社が鎮座している。そうした神社を訪れるうちに気がついたことは、治水上の要衝に鎮座する神社の祭神がスサノオであることである。

なかでももっとも印象に残ったのが大橋川の狭窄部に位置する多賀神社であった。多賀神社という名称は、イザナギノミコトを祭神とすることを示しているが、社殿には、イザナギ、イザナミとならんで、スサノオの名がある。地形をよく観察すると、スサノオが祭神としてもっともふさわしい。

狭窄部にせり出したところには、深い社叢が覆いかぶさって、神聖な風景をつくっている。鳥居は斐伊川の左岸にあり、昔の人たちは船で参拝したことがわかる。岸から上がって階段を上ると、瀟洒な社殿があり、大橋川の本川をはじめとして湿地・水田と向こうに広がる松江市街地を見晴らすことができる。スサノオの社は、一般に、洪水時に避難でき、また氾濫域を展望できるロケーションに位置していることが多い。多賀神社は、その典型である。多くの神社では、社を守る森、社叢が繁茂しているが、リスク管理の点からは、展望台は木々で覆われていないほうがよい。多賀神社はそのような展望台でもあり、そこに登れば命が助かる避難所でもあった。

行政はまちづくり計画策定の過程で、大橋川にせり出した社叢が邪魔なので伐採し、川幅を広げる案を出した。わたしは、「それはやめるべきだ。古来人々が治水上もっとも重要な場所と考えて神を祀ったのだから、そこに変更を加えるのは、斐伊川治水事業にふさわしくない」と強く主張した。行政はこれを聞き入れて、まもなく変更案を出し、社叢は保存されることになった。土木事業の従事者が御神木に畏敬の念を抱くことはよく知られているが、出雲でその実例を経験することになったのである。

多賀神社の近くで大橋川に朝酌川が合流する地区に朝酌がある。朝酌には漁業協同組合があり、組合員は大橋川と宍道湖でシジミを採っている。大橋川治水には、漁業者も重要なステークホルダーである。わたしはしばしば朝酌の人々と話をしながら、古代からつづくこの地域の奥深さに感銘を受けた。

宍道湖上空から大橋川方面を見る。左からの丘陵で狭窄している地点の手前に朝酌がある。左の丘陵沿いに下って合流するのが朝酌川

『出雲風土記』「島根郡」に古代の人々の息づかいを伝えるような名文がある。現代訳してみると、

朝酌の瀬戸の渡り。東に通う道がある。西に広い原がある。中央が渡りである。そこに筌《うけ》という魚を捕る道具を東西に渡し、春秋に入れたり出したりする。大小の魚がときに集まり来て、筌のあたりに驚き跳ね、風を押し、水を衝く。ある者は筌を破り、ある者は網を引き裂く。ここで捉えた大小いろいろな魚に、浜は騒がしく家は賑わい、市の人びとは四方より集まってきて、自然に市場ができる。

朝酌の渡り。広さは八十歩ばかりである。

国庁から海辺に通う道である。

大井の浜。そこには海鼠《なまこ》、海松《みる》がある。また、陶器をつくる。

邑美《おうみ》の冷水《しみず》。東と西と北は山。ならんで険しく、南は海が広く、中央は干潟、泉は清らかである。男も女も老いも若きも、ときによって集い、常に宴を催す土地である。

つづく、前原の埼についても、並んだ松は茂り、渚は深く澄む。男も女も随時集い、あるいは楽しんで帰り、また遊んで帰ることを忘れる。つねに宴をしている地である。

人々の賑わいの声まで聞こえてきそうな文である。

朝酌から川を渡り南に行くと、意宇《いう》川のほとりに出雲国庁跡がある。古代出雲で『出雲風土記』が編纂された場所である。

古代の人々は、出雲国庁から朝酌の渡りを通って、島根半島から日本海に向かった。ここに記された出雲の風土は、まことに穏やかである。『出雲風土記』には、スサノオを祀る多くの社も記されているが、荒ぶるスサノオの姿はない。『出雲風土記』の記者たちは、アマテラスと対立して天つ罪により高天原を追放された神、そして、オロチと戦った神の記事を記載しなかったのである。

「大橋川周辺まちづくり基本方針」

斐伊川流域をめぐる探索は、スサノオの面影をもとめての現地訪問となった。大橋川周辺まちづくり検討委員会が開催されるときには、かならず日程に余裕をもち、斐伊川流域をめぐった。そのなかに、複雑な対立を抱える大橋川治水を解決に導く方向性のヒントが隠れていた。

斐伊川流域をたずねて確信したことは、この空間のなかには神々の伝承が深く息づいているということであった。スサノオのオロチ退治やクシナダヒメとの結婚、建国など、神々の物語の深く息づく空間である。

大橋川周辺まちづくり検討委員会が目標としたのは「まちづくり基本計画」の策定であったが、まちづくりの細部については、多様な意見、対立する意見もあったから、まず大きな理念を示す必要があった。そこで作ったのが「基本方針」である。わたしがその原案を書き、委員会で議論し、さらにだれもが参加できる市民意見交換会でも市民の意見を聞いて決定した。「基本方針」の決定まで一年、理念を具体化する「基本計画」決定まで二年四ヶ月を要した。

出雲平野に出た斐伊川。花崗岩が風化した白砂がオロチの鱗のような模様を描く。国土交通省提供

「基本方針」の草稿を書くときに第一

の課題としたのは、斐伊川流域の人々が共有できる理想を表現するということであった。そこで、委員全員で参加した流域ツアーでもっとも印象的であった雲の表現から始めることにした。決定された「基本方針」の理念「まちづくりの基本的な考え方」を引用する。

◆まちづくりの基本的な考え方

八雲立つ出雲の国の水都、松江のまちづくりは、まちと人と水が一体であるという思いのもとで進めます。

まちづくりでは、出雲神話やたたら製鉄をはじめとする出雲文化を形成してきた斐伊川流域全域を視野に置くとともに、松江から望むことのできる大山、周囲の山並み、宍道湖の夕景を構成する要素など、松江らしさを醸し出すすべての景観要素に対して深く配慮します。

古代の神々の息づく自然・風土、松江藩時代の歴史・文化等を踏まえ、季節の移ろい、一日の変化の美しさをこのまちに住む人々とここを訪れる人々がともに喜び、分かち合えるまちづくりをめざします。

河川・水路・農地・湿地（湿性地）が織りなす環境、多様な水辺や伝統的な街並みを含む景観、歴史、文化とそこで営まれる暮らしを地域にふさわしい形で保全・継承します。失われたものを再生し、また、新たな価値を創出します。

景観については、まちづくりに関わる制度面も含めて検討を進めます。

なお、ここでいう「景観」や「景」には、視覚的な経験だけではなく、五感全体で感じることのできる風景を含みます。

以上が「基本方針」の全文である。関係者の共感を得て、この「基本方針」決定の二年後に「大橋川周辺まちづくり基本計画」が策定された。出雲神話の世界がいまも出雲地方の空間の履歴に深く刻まれていることを表現しえたことで、複雑な対立関係のさなかにあった人々の心が同じ方向を向くことが可能になったのである。

大橋川の難しい仕事をやり終えたのは、二〇〇九年三月のことであった。厳しい対立の的であった大橋川であったが、合意にもとづく計画ができたことで対立は収まり、まちづくりに向けて行政の作業も動き出した。

第三章

天下経営の大神――出雲大社表参道神門通りの道づくり

「祈りの道、そして出会いの道」

大橋川の仕事が終了してから二年後の二〇一一年の春、チームメンバーであった黒田耕一さんが島根県の都市計画課長に着任し、同じようにメンバーであった西村成人さんとともに、わたしに一つの仕事を依頼してきた。これから出雲大社の表参道整備を進めるので、協力してほしいというのである。役割は、プロジェクトの「総合コーディネータ」である。具体的には、プロジェクトの推進についてアドバイスするとともに、コアチームの話し合いの進行役、および住民ワークショップのファシリテータであった。出雲との縁を深めるまたとない機会ということで快諾した。

黒田さんと西村さんがわたしにコーディネータの仕事を依頼してきたのは、神門通《しんもんどお》りには難しい課題があったからである。通りの一部に拡幅部があり、移転しなければならない家屋・店舗が

出雲大社の拝殿から本殿を望む

あった。その合意形成についてのアドバイスを求められたことが一つ。もう一つは、このさびれてしまった通りの活性化は何度も試みられていたが、地域の人々は行政のやることに対して失望しつづけてきた歴史があったからである。しかも、出雲大社の祭神、オオクニヌシの本殿の修理が完成するまでに残された時間は三年たらずである。大遷宮までに第一期工事を完成しなければならない。常識的に考えれば、ほとんど不可能なプロジェクトである。

わたしが最初に会った関係者は、神門通りを活性化しようという市民グループのリーダーであった。かれは、

「先生、それはお気の毒ですね。いままで何回活性化の計画をつくってきた

神門通りをよみがえらせた特命チーム。右から交通計画の橋本成仁、道路デザインの小野寺康、筆者、照明・信号等のデザイン担当の南雲勝志の各氏

ことか。そのための話し合いを何度やったことか。まちづくりのワークショップにはみなうんざりしているんですよ。先生がなにをやっても無駄です」と断言したのであった。

　しかし、わたしは、豊かな空間の履歴を蓄積する出雲大社地区と神門通りは、人々の心の中に埋もれている価値を引き出すことで必ず見違えるようになると確信していた。なにしろ、出雲神話の主人公、オオクニヌシとスサノオの伝承がひそむ空間である。この空間のもつ力を解放する仕掛けを考えればよい。「まあ、見ていてください」とわたしは言った。

　神門通りの道づくりでは、大橋川周辺まちづくりと同じようにプロジェクト全体のデザインとその実行のための会議の進行役、さらに、行政と地域住民がオープンに参加できるワークショップをデザインし、また、そのファシリテータを務めた。このワークショップには、地元の出雲市立大社中学校の生徒たちも参加して、大人たちにまじって立派な意見を述べた。プロジェクトの効果は絶大で、わたしの予言していたとおり、閑散としていた通りは、数年の間に見事によみがえった。

いま、出雲大社に、多くの人々が「ご縁」を求めて参拝する。出雲大社は、縁結びの神として知られていたが、まさにその参道が復活したのである。空き店舗ばかりで魅力のない道が大社にふさわしい装いで美しく、また楽しい空間になったこともちろんだが、島根県立古代出雲歴史博物館の開館や折からのパワースポットブームもあって、年間二〇〇万人台であった訪問者が、二〇一三年には八〇四万人にもなった。とくに若い人が多く、カップルや若い女性の二人組、三人組も目立った。歴史好きの女性、いわゆる「歴女」の女性も多かった。

オオクニヌシの名前

出雲大社の主神、オオクニヌシは、「大国主」であるが、「ダイコク」と読めることから、「大黒天」と習合した。大黒天、マハーカーラは、インドの破壊と豊穣の神であったが、「だいこくさま」からは、「破壊」がなくなった。江戸時代には、「豊穣」の神となって、俵の上に乗り、息子のコトシロヌシ、つまり恵比寿が鯛を抱えて釣竿をもつ像とともに、多くの家の神棚に飾られるようになった。

出雲大社の設立は古く、平安時代には、巨大建築として奈良東大寺の大仏殿、京都の御所、あるいは京都法勝寺《ほっしょうじ》の八角九重塔と並んで出雲大社の名が挙げられていた。神社建築としては日本最大の建築であるが、古代の社殿ははるかに大きく、高さ三十二丈（約九十六メートル）だったという。

興味深いのは、この社殿がどのようにして造られたかということである。オオクニヌシを信仰する集団がその技術の粋を尽くしてつくったというのが納得できるストーリーであろう。たとえば、伊勢神宮を現在のような形に整え、また式年遷宮を開始したのは七世紀の持統天皇であるとされている。伊勢神宮の祭神はアマテラスであり、アマテラスは皇室の守り神で、伊勢神宮は皇室の造営である。ところが、出雲大社では、そのようなプロセスにはなっていない。

神話によれば、スサノオの建てた国の後継で、天下を支配し、国を完成させたのは、「天の下造らしし大神」、オオクニヌシノカミ（大国主神）である。天の下とは、葦原中国《あしはらのなかつくに》である。その地上の国を、アマテラスは、オモイカネの父、タカミムスヒノカミ（高御産巣日神）の提案に従い、自分の子のオシホミミの支配のもとに置こうと、オモイカネに相談しながら、神々を地上に何度も派遣する。しかしうまくいかない。なかでもアメノホヒノミコト（天穂日命）は、オオクニヌシの許に居着いてしまい、アマテラスから怒りを買う。そこで『古事記』によれば、武力の神、タケミカヅチノカミ（建御雷神）を、『日本書紀』によれば、フツヌシノカミ（経津主神）も地上に派遣する。タケミカヅチは、オオクニヌシと出雲の稲佐の浜で交渉を行う。オオクニヌシは、自分では決定せず、二人の息子に相談する。コトシロヌシは譲歩し、自ら身を海に投げてしまう。タケミナカタは、相撲で決しようとするが負けてしまい、信濃に謹慎する。タケミナカタは、諏訪の神である。

ただ、オオクニヌシは、葦原中国をアマテラスに差し出す代わりに、天つ神が住むのと同じくらい壮大な宮殿をつくることを条件にするのである。そこで、オオクニヌシのために、天つ神は、出雲国の多芸志《たぎし》の小浜《おばま》に宮殿を建てたという。

この宮殿が出雲大社の神殿の起源であると考えられてきた。現存する出雲大社の拝殿近くに埋もれていた巨大な柱が二〇〇〇年から二〇〇一年にかけて発見されて、出雲世界は神話の世界から歴史世界へと飛び出してきた。いま出雲大社拝殿の前に柱の位置が表示され、また掘り起こされた柱が古代出雲歴史博物館に展示されている。

国譲りと引き換えに作られたという出雲大社である。その建築技術をもつ者が出雲の人々であったか、あるいは、出雲の神を信仰する人々ではなく、天つ神、すなわち、高千穂・日向から大和につづく神々の系譜にある人々であったかはわからない。しかし、少なくとも、その出資者であるヤマトの神々を信仰する人々が日本の国の支配権を取得する代償として、巨大な社を造営したというのである。

「国譲り」は、「葦原中国平定」とも言われる。「平定」とは、敵を討ち果たして征服し、征圧することであるから、これよりもやわらかな言い方である。「国譲り」は、オオクニヌシの主体性を尊重した表現になっている。

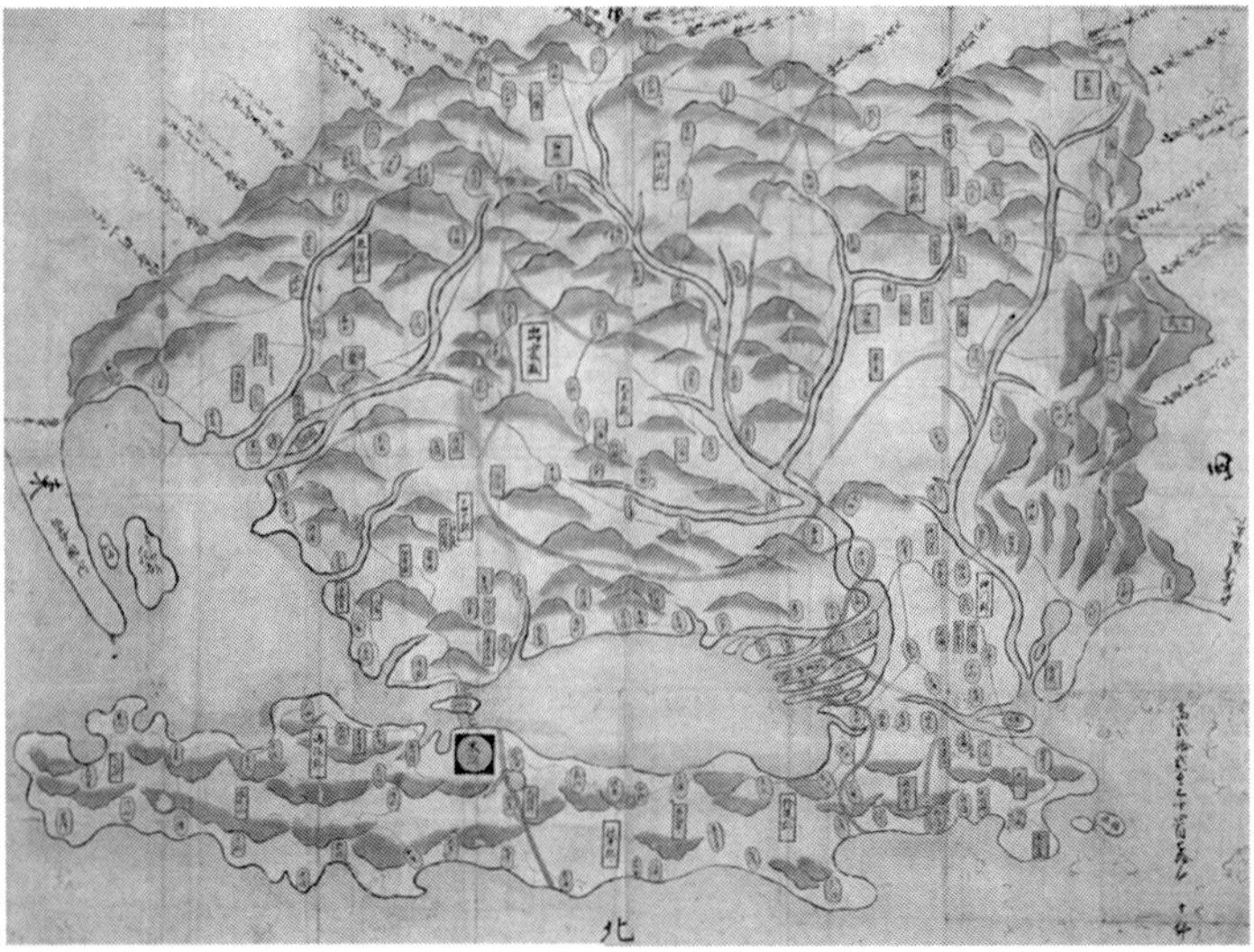

江戸時代初期の斐伊川水系の地図（寛永古地図）島根県立大学図書館蔵。古地図では、南北が逆になっている

興味深いことであるが、『風土記』では、出雲の人々がみずから出雲大社をつくったことになっている。このことは、荒ぶるスサノオが登場しないことと関係があるように思われる。というのは、『古事記』が元明天皇に献上された翌年に、天皇によって『風土記』編纂の詔勅が出されたので、『古事記』のオロチ退治伝承は、『風土記』の編纂者たちの知るところであったにちがいないのであるが、かれらは意図的にスサノオのネガティブなイメージを排除したのであった。出雲は大和に征服されたのではなく、自主的に服属したという印象をつくりだそうとしたかのようである。

確認するが、わたしたちは、「国譲

り」ということで、出雲の国の国譲りと考えがちであるが、そうではない。オオクニヌシが譲るのは、葦原中国である。葦原中国とは、葦の繁る、そのまんなかの国ということであり、豊葦原《とよあしはら》瑞穂国《のみずほのくに》、つまり、豊かな葦が繁る水のゆたかな稲作文化の国ということであるから、日本のことである。もちろん、オオクニヌシは出雲の神であったが、偉大なる国の主となったときには、出雲地方だけの支配者ではなく、日本全体の支配者という意味をもっていたのである。その日本を支配した偉大なる国の主、オーナーであり、マネージャであるオオクニヌシが出雲にいわば隠居するということなのである。しかもその隠居地は、斐伊川最下流部にあった大湿地帯の山の麓である。『風土記』の冒頭の国引きの物語では、その山は、もとは、在地の神、八束水臣津野命《やつかみずおみつののみこと》が新羅から引いてきた島であった。その後、斐伊川の土砂のはたらきで地続きになり、島根半島となったのである。

オオクニヌシとはどんな神か

どうしてオオクニヌシは、オオクニヌシ、つまり、偉大なる国のオーナーになったのだろうか。出雲神話には、オオクニヌシの名がいろいろ残っている。オオナムチあるいはオオナモチ（大己貴命、大穴牟遅神など）、ヤチホコノカミ（八千矛神）、アシハラノシコオ（葦原醜男）、さらにオオクニヌシ（大国主神）となる。大国主は一柱の神ではなく、多数の神の集合体の名であるという解釈もあったようだが、そうではないと思う。大国主とは、偉大なる国の主という意味である。

そのような偉大な神になったプロセスが、ちょうど出世魚のように名で表現されていると考えるのが自然である。「アシハラノシコオ」とは葦原中国の強大な男神という意味である。葦原中国とは出雲だけではなく、日本の国のことであるから、その国を支配することのできる強大な力を示す。力があるから国の支配者となったのである。

では、その力は何に由来するのか。「ヤチホコノカミ」とは無数の矛、すなわち武器をもつ神ということである。武器をもち強大な力をもって日本の支配者となった神である。では、「オオナムチ」とはどういう意味か。一説には、「ナ」というのは、土地のことであるという解釈があるが、「アナ」つまり、「穴」であると考える方が自然である。出雲の製鉄は「鉄穴《かんな》流し」の方法で行われるが、「かんな」とは「かねあな」である。金属鉱山という意味である。「オオナムチ」とは「オオアナモチ」つまり、大きな穴、あるいは多数の穴をもつ神という意味である。この場合は、たくさんの鉱山をもち武器をつくって強大な軍事力で日本を支配した神を意味している。

こうしたパワーをもつことがその名に込められている大国主であるが、その精神は穏和にして強靭である。オオクニヌシの神話は、つぎつぎに襲いかかる困難にめげず前進してゆく英雄譚である。兄弟からいじめを受けながら旅をしているときに白ウサギを助ける話、罠に掛けられて殺されても何度もよみがえる物語など、神話の英雄にふさわしいエピソードが『古事記』にはつづられている。

さらに、興味深いのは、偉大な国のリーダーであるにもかかわらず独裁者ではないという点でである。小さな神、スクナヒコナを参謀に国づくりを完成してゆくのであるが、そのスクナヒコナが病死すると悲嘆に暮れる。すると、海の向こうから新しい神がやってくる。その神に尋ねると、オオモノヌシ（大物主神）で、「おまえの幸魂《さきみたま》、奇魂《くしみたま》である」という。「国づくりを完成するためには、自分を大和の三輪山に祀れ」というのである。

国のリーダーとなるためには優秀な参謀が必要であるという話はきわめて興味深い。国づくりの完成に近づいたとき、どうしてもリーダーは独裁的になりがちである。スクナヒコナの存在は、強大な権力とは異なった能力の必要性を示唆している。しかもスクナヒコナは、小さな神である。身体は小さいがその知恵は大きい。そのスクナヒコナがいなくなったとき、つまり参謀がいなくなったときにどうすればよいか。自分の心のなかの幸魂を参謀にする、あるいは、それを支えとする。そして、その魂を大和平野の豊かさの象徴である三輪山に祀る。人々の信仰の象徴として、目に見える形にするのである。

大和の三輪山は、奈良盆地の南東部に美しい山容を誇る。その裾には、大神《おおみわ》神社が鎮座する。神を祀る本殿を造らず、拝殿のみが置かれている。山そのものを参拝するのである。

社とは「依《よ》り代《しろ》」である。神はその存在にふさわしい物や空間に現れる。依り代とされるのは、巨木、磐座《いわくら》、あるいは、動物、さらには、人のつくった御幣などであるが、オオモノヌシが鎮座することを求めたのは、三輪山の山体そのものである。三輪山は、大和盆地の東にそびえて、大和盆地を水で潤す根源の山でもある。その緩やかな山容を望めば、自然の恵みをもたらす存在であることを深く実感することができる。急峻な山で土砂崩れや洪水を引き起こす存在とは明らかに異なっている。

三輪山の麓には、卑弥呼の墓ではないかといわれる箸墓《はしはか》古墳がある。「箸墓」の名は『日本書紀』「崇神紀」にそのエピソードが記されている。小さな蛇の姿となったオオモノヌシを見てしまったヤマトトトヒモモソヒメ（倭迹迹日百襲姫命）が驚いて箸で陰部を突いて死んでしまった悲劇である。古墳の周壕のほとりに立って、美しい三輪山を見上げ、振り返って大和平野を見渡すと、尾根筋が平野に達する地点からゆるやかに西に大きく傾斜する奈良盆地の風景に驚く。いまは住宅などが建って風景を遮ってはいるが、もともとは見事な水田地帯である。一見、平地のようにみえるが、実はゆるやかに傾斜する広大な棚田群である。

三輪山を中心として南北に連なる山々から尾根が西に延び、その間に谷があって、その谷から小川が流れ出す。その水を上から下に回してゆけば、豊かな穀倉地帯となる。これこそアマテラスのいう狭田、長田の連なりである。その流れ出す地点には、多くの古墳が築造されている。周濠はため池になり、水を一時貯留することができる。河川改修による水の調達よりもはるかに古い水管理のシステムになっていることがわかる。その大和平野の神奈備山である三輪山に君臨するのがオオクニヌシの幸魂、オオモノヌシである。

オオクニヌシ像を考えると、迫害に負けない忍耐力、不屈の回復力があり、これは現代風に言えば、レジリエンスである。弱者に対する共感力、病んだ者を救う力（医療力）、参謀を置く非独裁など。さらに、包容力を伴ったリーダーシップをもつ。他方、国譲りでも息子たちとの合議を尊重する神であった。その力は、奈良盆地の穀倉地帯を潤すことのできる強大なインフラ力の根源となった。

まとめると、「オオナムチ」とは、「偉大なる穴、すなわち金穴（鉄鉱山）の持ち主」であろう。それがヤチホコノカミ（たくさんの武器をもつ神）となり、アシハラノシコオ（葦原醜男）、すなわち、トヨアシハラノミズホノクニ（日本のこと）の強い男となり、国造らしし大神、天下経営の神となる。やがて、その平和をもたらす魂は、オオモノヌシとなって大和の三輪山に君臨したのである。こうなると、当初、大和平野を支配したのは、いわゆる大和王朝ではなく、出雲王朝であったと考えたくなる。国譲りの交渉は、出雲大社近くの日本海に面した稲佐の浜で行われたことになっているが、交渉の対象となっているのは、日本の中心、大和の国であったと考えるのが自然にも思える。

神話で譲られたのが出雲の国ではなかったことは、初代の神武天皇の目的地が大和であったことからも分かる。しかも、神武天皇が九州から長い時間をかけて遠征し大和に至るのは、本筋の大和川から入るのではなく、いわば奇襲攻撃のように、紀伊熊野から北上した後であった。

出雲の神々の鎮座する社は、いまなお日本全国にその信仰を維持している。日本各地を巡りながら、神々の存在とその意味を考えてみると、『古事記』『日本書紀』の神話から見えてくるのは、出雲の神々が当時の日本の風景のなかにもしっかりと根付いていたということである。記紀の編纂者たちが、国譲りでその支配下においたはずの出雲の神々を日本神話の最重要な部分として残さざるをえなかったのは、神話編纂当時も出雲の神々はその強固な存在を誇っていることを無視できなかったからではないのか。

第四章

水に臨む神々——城原川流域委員会

スサノオゆかりの湖・川・海

三年四ヶ月におよぶ松江のまちづくり計画を策定する仕事では、治水、利水、環境、景観、まちづくりといった検討項目のどれを考えるにも、斐伊川水系の神社とそこに祀られている神々に目が向いた。

出雲の神社をめぐると、スサノオを祀った神社の多くが河川の治水上の重要なポイントに位置していることがわかる。川が地形によって曲がる地点で、せり出した尾根の末端近く、水面から十分に高い地点にあって、洪水のときにも被災することなく、そこに上れば洪水の様子をチェックできるようなところ、しかも尾根筋にあるから洪水時にも清らかな水を得ることができるようなところに鎮座しているのである。

水辺の風景のなかにスサノオの社はひそんでいる。こうした景観に慣れてくると、向こうの山からつづく尾根が川に接近するところにこんもりとした森がある。あれはスサノオを祀った神社に違いない、と判断できるようになる。風景と神々のつながりを認識することができるようになる。

大橋川河畔の多賀神社の名は、イザナギ・イザナミの二神を祀る系譜にあるが、ここでは、スサノオが重要である。周辺の地形と社殿の置かれている空間的役割を見るならば、スサノオを祀った人々がその神徳を崇めてここに勧請したことが推測できる。

宍道湖北岸には大野津神社がある。宍道湖であるから水と関係しているが、ここでのスサノオは洪水を治める神ではない。この神社は、式内社大野津神社に比定されている古社で、『出雲風土記』にも「大野津社」と記載されている。スサノオがヤマタノオロチを退治したとき、その角と骨が流れ着いたところとされ、「角森」とよばれ、「津の森」となったという。この社は、祈雨、つまり雨乞いの神として信仰されたという。スサノオは、雨を降らす力をもつと信じられたのである。スサノオがヤマタノオロチから得たのは、天叢雲剣《あめのむらくものつるぎ》である。雲を湧き立たせる力をもつ太刀、そこから雨を「ふらせる」太刀である。スサノオは洪水からも干ばつからも人々を救うことのできる神であった。

さらに、死後のスサノオの魂が祀られているのは、河畔ではなく、日本海に面した日御碕《ひのみさき》である。そこには日御碕神社が鎮座している。社殿は日本海の西方を向いている。スサノオは父イザナギから海を治めるようにといわれたということで、海を見ているともいわれるが、新羅から来た神といわれることもあるので、朝鮮半島、それも新羅方面を向いているとも思われる。

ところで、日御碕神社に詣でたときに驚いたのだが、本殿に鎮座するスサノオの視線を横切るようにアマテラスの社が置かれている。

スサノオが晩年、やすらぎの地としたのは、神戸川上流で、朝原川と原田川が合流する須佐の地である。そこに須佐神社が鎮座する。

須佐神社も日御碕神社と同じように、本殿に向かってアマテラスの社が正面からにらみをきかせていた。姉弟の神の微妙な緊張関係が空間的配置にも反映されている。荒ぶるスサノオの力を押さえ込もうとするような風情である。姉と弟のいさかいは神話の世界の話であるが、社殿の位置関係は現実の空間での配置である。スサノオの威力を恐れる人々が現実世界に存在していたことの証拠である。

スサノオが地上に降りてクシナダとめぐりあったという久武《くむ》神社は斐伊川から引いた見事な農業用水路の脇に位置する。また、オロチを退治して「我が心すがすがし」と言った須我神社は、意宇《いう》川の上流の赤川のほとりに鎮座する。クシナダと新婚の宮をつくった八重垣神社は、大橋川に注ぐ馬橋川の段丘上に位置する。

出雲大社の祭神は、オオクニヌシノカミ（大国主神）であるが、出雲大社と深い関係にあるのが熊野大社である。熊野大社は、和歌山県の熊野との関連が推測されるが、スサノオが祭神とされる。

スサノオとその子イソタケル（五十猛命）は、朝鮮半島から日本に木をもたらしたといわれる。イソタケルが木を広めた国がキノクニ（木の国、紀伊国）である。紀伊の熊野本宮神社は有名であるが、出雲の熊野大社は、意宇川のほとりにあって、下流では、出雲古代の中枢の役所であった出雲国庁の脇を流れ、中海に続いている。出雲大社よりも古格の神社であるといい、興味深い神事が伝承されている。

出雲大社の神官が交代するときには、大社の灯明の火を新しく熊野大社から頂いてこなければならないが、そのためには熊野の神（スサノオ）の気に入る土産をもっていかなければならない。しかし、熊野の神はそれを気にいらない。さんざん悪態をついて、次回くるときには、もっといい土産をもってこいという。神官は、そのような仕儀を経てようやく火をもらえるという段取りである。出雲大社と熊野大社との微妙な関係をほのめかす不思議な神事である。

城原川《じょうばるがわ》流域委員会

水辺のスサノオということで、思い出すことがある。わたしとスサノオとの縁は、大橋川や出雲大社神門通りのプロジェクトとはまったく別の機会のなかにもあった。佐賀平野でのスサノオとクシナダとの出会いである。

佐賀平野は、福岡県と佐賀県を分ける脊振《せふり》山地と南の有明海の間に広がる平野である。よく晴れた日に脊振山頂に登ると、いくつかの急峻な尾根の先に、突然平野が開け、その向こうに有明海が見える。だが、佐賀平野のどこにいても、脊振山地と有明海を同時に見ることが容易というわけではない。佐賀市からやや東に寄ったところを南北に流れる城原川のほとりに立つと、有明海は見えない。

すでに述べたが、わたしが佐賀平野と出会ったのは、全国の川を舞台に活動している行政や市民が一堂に集って活動を紹介しあう「全国川の日ワークショップ」でのことである。二〇〇〇年に開催された第三回のワークショップで、前年にグランプリを獲得したのが九州の城原川だと知った。思いがけないことに、その後、わたしは、この川と深い縁を結ぶことになった。最初の二度の訪問は、城原川の風景のすばらしい風景を愛でるため、三度目は、城原川が脊振山から佐賀平野へ流れだすところに計画されている城原川ダムの建設是非をめぐる議論に参加するためであった。

城原川ダムの建設是非について話し合う城原川流域委員会は、国土交通省筑後川河川事務所と佐賀県の共同による組織のもと、二〇〇三年から二〇〇四年までほぼ一年間、毎月一度佐賀市で開催された。わたしは、住民合意、合意形成の専門家として、委員会の副委員長を務めた。その間、何度か城原川のほとりに立って、この川はいったいどのような川なのか、その川にダムを建設するということがいったいどのような意味をもっているのか、さらに、一九九七年に改正された河川法にうたわれている「流域関係住民意見の反映」を実現するにはどうしたらよいかということについて考え続けた。

佐賀平野を城原川という観点から見ると、流域の構造はいたって単純である。北の脊振山から流れ出る城原川は、仁比山神社直下で突然平らな佐賀平野に出て、筑後川に合流し、有明海へと至る。

ダム建設が必要なのは、雨量の増加とともに洪水のリスクが高まるからという理由である。だが、わたしには、委員会の議論の進行の過程で腑に落ちないものがあった。

日本の各地をめぐり、多くの川の風景に接してきたわたしは、城原川の風景を見るたびに、そこにはけっして見落としてはならない何かがあると感じていたのである。

それが何であるのか、城原川流域委員会の一年の議論の間には、まだ分からなかった。しかし、城原川には、議論されていない何か大事なものがあるということを訴えるために、治水や利水の議論とならんで、環境や景観についてもっと議論するようにと繰り返し意見を述べた。けれども、実際のところ、景観については、ダムが建設された場合にはどんな風に見えるかという議論がほんのわずかにされただけであった。結局、ダムは治水に有効であるという結論となり、その後ダム計画は進められた。

わたし自身、そのとき、いったい何を言っていたのか。城原川の風景についてしっかりと考えることが重要だとは言ったが、なぜそのように言ったのか、自分でもよく分かってはいなかった。城原川の風景がなにかとてつもなく大事なものであるという「感じ」はしていたのだが、そのわけを説明することができなかった。

城原川流域委員会が一応結論を出してから半年が経過したころのことである。城原川と佐賀平野から遠ざかっていたわたしは、一年に一度めぐってくる「全国川の日ワークショップ」で再び城原川に連れ戻されることになった。城原川流域委員会のメンバーであった神埼《かんざき》町（現在は神埼市）の佐藤悦子さんが城原川について考えてほしいという願いとともに、ワークショップの壇上に立って城原川を紹介したからである。佐藤さんは、ダムに賛成、反対ということではなく、城原川について深く理解すべきことを淡々と、ときに切々と、わたしも含めた審査員とすべての聴衆の心の深くに訴えた。わたしは、佐藤さんの思いに打たれ、一緒に考えようと決心して、再度城原川を訪れることになった。

城原川と脊振山。脊振山地のなかにダムが計画されていた

景行天皇とその皇子、ヤマトタケルはスサノオを祀った

城原川流域委員会での議論で、わたしがもっとも不思議に思ったのは、城原川ダムの恩恵をもっとも受けるはずの神埼町の人々、とくにそこに住

んでいる人々が、ダムに対してきわめて慎重な立場をとっていたことである。委員のなかでダムが必要だと主張していたのは、そこに住んでいる人々ではなく、学識経験者やそこに住んでいない人々であった。なぜ、神埼の人々はダムを不要と考えているのか、わたしにとってはそのことが大きな謎であった。

城原川の空間を読み解く作業は、じつは、この謎を解く作業でもあった。わたしは城原川源流の脊振山山頂から城原川渓谷を下り、麓の仁比山神社下の分水点を経て、佐賀平野のなかの流れをたどり、下流部まで何度も歩いた。近くには吉野ヶ里遺跡もあり、近くを流れる田手川沿いも歩いた。

城原川をはじめとする佐賀平野の治水は、江戸時代初期佐賀藩の成富兵庫茂安《なりどみひょうごしげやす》の治績で有名である。成富兵庫は、城原川が脊振山地から佐賀平野に出るあたりの川筋を西に変え、湾曲させて野越《のこし》といわれる越流堤《えつりゅうてい》をつくり、その下流に玉石を積んで三千石堰《さんぜんごくせき》を建設した。ここから佐賀平野を潤すための横落《よこおち》水路を分水したのである。

城原川は、あとから深く認識したところでは、世界に誇る治水思想と技術の蓄積をもつ河川である。しかし、城原川流域委員会では、その治水思想と治水文化の本質に対する議論はまったく行われなかった。たとえば、鶴西地区には、玉石を積んでつくった農業用取水堰である石堰があり、その少し上流に野越とそこからあふれた水を受け止める受《う》け堤《てい》、さらにその力を減衰させるための水害防備林の風景を見ることができる。受堤から水田の展開する堤内に流れ出た水は、縦横に張り巡らされた水路に蓄積される。雨が降ってもすぐに渇水になってしまう空間構造を踏まえた治水と利水の統合的管理の空間である。利水と治水の施設が濃密な空間のなかに一体となって配置されている。

三千石堰井手揚げの作業（向こうに見えるのが横落水路）

　さらに、野越の傍らには、石堰改修の記念碑の脇に小さな祠《ほこら》がある。地元の人の話では、これは龍宮の祠であるという。

　なぜ龍宮の祠がこんなところにあるのか。もちろん龍は水の神であり、だからこそ利水と治水の要衝であるこの地点に龍宮の祠がある、という説明は成り立つであろう。しかし、ただそれだけだろうか。

　城原川源流の脊振山山頂には、大辨財天が鎮座している。鍋島藩主にも深く信仰された神社である。弁天は、スサノオの剣を折ってアマテラスが生み出したイチキシマヒメノミコトという水の神の神仏習合の姿とされる。いまは駐車場になっている頂上直下には、龍神の池があり、龍宮につながっていたという伝説があった。鶴西の祠は、それと関係があるのだろうか。さらに下流、千代田町には、「八大龍王」と刻した石碑が建っている。龍宮と八大龍王とはどのような関係にあるのか。八大龍王といえば、城原川が脊振山地から南下し、佐賀平野に流れ出る直前で流れをやや東に変えると、正面に巨石がある。そこにも「八大龍王」と刻してある。流れは石にぶつかって、直角に右折し、佐賀平野に流れ出て行く。その先には、景行天皇がその皇子、ヤマトタケルノミコトを祀ったという白角折《おしとり》神社があり、脇を通り過ぎた城原川は、九州横断自動車道の下を通り抜けて西に曲がる。ここは成富兵庫が流路を変えたところであり、流れは大きく湾曲して三千石堰に至る。

いまは「八大龍王」と刻した大岩から分水される馬場川は、もともとは、白角折神社のところで分水されていた。その分水を守るのは、ヤマトタケルである。その創建年代は不明というが、八七三（貞観十五）年の記録があり、相当な古社である。ヤマトタケルは、父である景行天皇の命により九州の熊襲征伐に赴き、熊襲《くまそ》武《たけるのみこと》尊を殺したが、その勇気をたたえられて日本《やまとたけるのみこと》武 尊の名を与えられたという。九州の平定に重要な役割を果たしたことで知られる。

白角折神社のやや上流から分流する馬場川は、やがて神埼市で櫛田宮《くしだぐう》の脇を流れる。景行天皇もまた九州に親征したことで知られ、九州各地にその伝説が残されている。「神埼」は景行天皇親征に由来するという。「天皇の行幸の地」という意味である。神埼荘は、ながく天皇家の荘園であった。

景行天皇はこの地に至ったとき、災害や疫病に苦しむ人々を救済するためにスサノオとクシナダを祀ったといわれている。

古代神埼の人々にとっては、城原川よりも馬場川のほうが農業用水や舟運のための水路として重要なインフラであったようで、櫛田宮が馬場川のほとりにあるのはこれが理由である。

上は神埼市鶴西の風景。手前に石堰、野越と水害防備林、はるか向こうに脊振山。下は、龍宮の祠

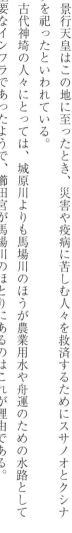

脊振山山頂の大辨財天。左の球体は航空自衛隊のレーダー

櫛田宮の神前に立って、わたしは疑問をもった。なぜ景行天皇は、スサノオを祀ったのか。神話では、「国譲り」で平服させた出雲の神である。天皇が出雲の神を祀る。それはどうしてなのか。

九州だけでなく、東国にも伝説が残る。東京にある赤坂氷川神社の由緒には、景行天皇の命により東征したヤマトタケルがこの地に逗留し、四方を平定して大宮氷川神社を遥拝したとある。祭神は、スサノオ、ヤマトタケル、クシナダである。創建は、飛鳥時代とされるから、『古事記』『日本書紀』編纂の時代である。

さらに、埼玉県さいたま市の大宮氷川神社は、ヤマトタケルの時代よりもはるかに古く、二千四百年前の創建という伝承が残る。やはりスサノオ、クシナダ、オオクニヌシを祀っている。「ヒカワ」は、出雲のヒカワ、「斐川」であり、「斐伊川」とつながっている。

第五章
疫病神の活躍——鞆の浦まちづくり

鞆《とも》の浦《うら》の景観論争

オロチと戦う姿とは異なるスサノオと出会ったのは、日本各地での公共事業をめぐる紛争に取り組む過程で広島県福山市の鞆の浦問題にかかわったときであった。

鞆の浦は、日本で最初の国立公園の一つ、瀬戸内海国立公園の景勝地で、仙酔島は、記念切手でも有名である。

「鞆」の名は、『日本書紀』に登場する神功皇后《じんぐう》に由来する。神功皇后は、第十五代天皇として記録されていることもある女性で、第十四代仲哀天皇の皇后である。

仲哀天皇は、前章で触れたヤマトタケルの皇子である。景行天皇の長子であったオオウスノミコ（大碓皇子）には子がなかったので、オウスノミコ（小碓皇子）、すなわちヤマトタケルの子であった仲哀天皇が皇統を継いだ。仲哀天皇は、祖父、景行天皇の悲願であった九州征圧に力を注いでいた。

　神功皇后は、仲哀天皇に従って九州遠征に同行した。九州遠征に執着した仲哀天皇が神のお告げに逆らって変死を遂げたあと、新羅遠征のリーダーとなって勝利を収めて凱旋する。伝説の、いわば英雄とも言うべき女性である。新羅遠征の折、皇后の船団が進んだとき、船波《ふななみ》が朝鮮半島を襲ったので、皇后は戦わずして勝利を収めたといわれている。そのときの船波が「神風」の起こりである。

　神功皇后は、髪を角髪という男性の髪型に結い、甲冑、弓矢で身をかためた勇ましい姿で描かれるのが通例である。その神功皇后が仲哀天皇とともに九州遠征のために瀬戸内海をわたり、この地に寄港した。そのとき、鞆を置いたという伝説から「鞆の浦」という地名になったという。鞆とは、弓を射る時に左手首の内側につけて矢を放ったあと弓の弦が腕や釧に当たるのを防ぐ道具である。

　鞆の浦は、風光明媚な湾であるが、湾を取り巻く町は道路が非常に狭く、交通渋滞に苦しんできた。そこで、広島県と福山市は湾を埋めて橋を架け、駐車場を建設するという計画を立てた。景観を破壊する計画だとして反対運動を展開した市民は、やがて裁判を起こし、建設計画を中止するよう広島県に要求した。道路は県道であるから、広島県は当初、知事に埋め立て許可申請を行って事業を進めようとしたのであるが、この問題をめぐって行われた知事選で事業の再検討を図る知事が当選したために、計画は裁判のなりゆき次第となった。膠着した事業に広島県は、広島県知事への埋め立て申請を取り下げ、原告も訴訟を取り下げた。この間、広島県は推進派と慎重派を同数ずつ集めて協議を行い、湾を埋め立てるのではなく、背後の山にトンネルを通す案で一応の決着をみた。

わたしは広島県からアドバイザーを依頼され、しばらく務めたが、密室で行われる話し合いではうまく進まないと繰り返し進言した。しかし、わたしのアドバイスは効き目がなく、しばらくしてわたしはアドバイザーを辞めた。

裁判は二〇一六年に終わったのであるが、問題はまったく解決していなかった。なぜなら福山市が立てた「鞆地区まちづくりマスタープラン」は、埋め立て架橋を前提としてつくられたものであったからである。かなりの資金と労力によってつくられたと思われる立派なプランであったが、この計画はまったく役に立たなくなった。それどころか、埋め立て架橋なしのまちづくり計画を早急に策定する必要が生じたのである。

福山市から裁判取り下げ後のまちづくりについて相談を受けたのは、裁判が終わってまもなくのことで、「鞆まちづくりビジョン」策定についての協力依頼が正式にあったのは、二〇一六年の夏であった。わたしは、二〇一四年から社会的な合意形成を推進するためのソーシャルビジネス組織として、一般社団法人コンセンサス・コーディネーターズ（CCS：Consensus Coordinators Solidarity）を設立していたので、鞆の仕事はこの組織の事業として請けることにした。ＣＣＳのフェローメンバーである橋本成仁、高田知己、上田泰子の三氏と福山市の都市計画課職員四名を加えて、八人のプロジェクトチームをつくり、二年あまりの時間をかけて、「鞆まちづくりビジョン」の策定事業に携わった。

福山市から依頼を受けて、鞆の町に出向いたときには、地域の住民から大変な歓迎を受けた。都市計画課の職員の司会で進められた住民との最初の会合では、「大学の先生がなんでやってきた」と怒号にも近い口ぶりでの出迎えだったのである。

鞆の浦は全国でも有名な「景観紛争」の現場であった。鞆の浦を埋め立てて橋を架け、そこに駐車場を建設するというのは交通渋滞の解消と観光客の便宜を図るという意味で、まちの活性化に資するものだというふれこみであったが、反対住民からは、鞆の景観を破壊する事業だと批判された。

日本の景観訴訟といえば、東京都国立市の国立マンション訴訟が有名であるが、それとともに鞆の浦の景観問題も全国レベルで知れ渡っていた。裁判で争われたのは、景観の価値をめぐってである。国立マンション訴訟が泥沼の紛争に落ち込んでいったのに対し、鞆の浦では、裁判所は判決を出すことなく、行政と住民の調停の行く末を見守るという方針をとった。景観を守ろうとする原告の立場を支持したのが大学の教授たちであった。これを見て架橋埋め立て推進の人々は、大学の教授たちは対立をあおり、地域を分断する人たちであると考えたのである。地域の対立がさめやらぬときに、福山市役所から合意形成の仕事を依頼されたのがわたしたちである。大学教授は敵だという人々がいても不思議ではない状況であった。

福山市から依頼を受けて二年あまりをかけた「鞆まちづくりビジョン」は平和裡に策定された。広島県では前例のない住民参加の方法を採用して、これがうまくいった。参加住民の人たちと一緒につくった計画である。まちづくりワークショップには、多くの女性や子どもたちも市民の一人として参加した。とくに鞆中学校の生徒会幹部の生徒たちの発言はすばらしく、大人たちはその堂々とした発言に目を見張った。自己中心的な発言が聞かれなくなったのは、かれらの力が大きい。そのほか、福山市外から鞆にやってきて研究している大学生なども参加し、まったく垣根をつくらず、すべてをオープンに行った結果、だれもが納得できる計画ができたのである。そのやり方は、ブラックボックスで議論を進めた広島県の進め方と対照的なものであった。

わたしたちは二年あまりにわたって鞆を訪れながら、まちを歩き、背後の山や海を観察し、地域の地形、地質、歴史、文化を考察した。人々と話し、かれらがどんな考え方を持っているかを聞き出す工夫も行った。寺社をたずねて、地域に伝承されている信仰について

「鞆まちづくりビジョン」づくりのワークショップ

完成した「鞆まちづくりビジョン」の表紙。鞆中学校の生徒たちの笑顔も見える

も理解を深めていった。

　鞆地区には、立派な社殿をもつ沼名前《ぬなくま》神社がある。鞆祇園宮《ともぎおんぐう》ともいわれて、オオワタツミとスサノオを祀っている。社殿によれば、仲哀天皇に伴って神功皇后が西征したとき、この地に寄泊した。その折、この地に社がないことを知って斎場を設け、この浦の海中より湧き出た霊石を神璽として、大綿津見命《おおわたつみのみこと》を祀り、海路の安全をお祈りになられたのが始まりという。また、神功皇后が帰途、再びこの浦に寄って、神の大前に神聖な高鞆《たかとも》（弓を射る時に使った武具の一種）を納めたところから、この地が鞆と呼ばれるようになった。祇園宮にスサノオを祀っているという点については、元は鞆町内に鎮座していたが、一五九九（慶長四）年、火災で焼失し、遷座の後、明治九年に大綿津見命を合祀したとされている。この宮の創建については不詳という。

　鞆の町のなかにもその昔スサノオを祀った祇園社があったということなのだが、福山市といえば、スサノオと祇園社の関係を解く重要な社がある。

蘇民将来《そみんしょうらい》伝説

福山市は、昔の国名でいえば、備後の国である。備後の国は、出雲の国と中国山地で接していて、出雲文化の大きな影響下にあった。

福山市にはたくさんの古い神社が鎮座しているが、なかでも有名なのが素盞嗚《すさのお》神社である。備後のスサノオ信仰は、疫病の襲来に関わっている。いわゆる疫病神《やくびょうがみ》であるが、スサノオは、その疫病をもたらす力をもちつつ、それをコントロールする力をも兼ね備える。荒ぶるスサノオにふさわしい荒魂《あらみたま》と和魂《にぎみたま》の働きである。

元明天皇の勅命により『備後国風土記』は編纂されたのであるが、ほとんどが失われてしまった。しかし、『釈日本紀』に収録された逸文が残っている。逸文というのは、かつて存在した書物の断片が他の書物のなかに引用されて残っている文章である。スサノオの記事で有名なのが、『備後国風土記』の逸文である。そこに蘇民将来の伝説が記載されている。


備後の国の風土記にいう、疫隈《えのくま》の国の社のはなし。昔、北の海にいらした武塔《むとう》の神が南の海の神の乙女を夜這いしようとおいでになったときに、日が暮れてしまった。そこに蘇民将来の兄弟がいた。兄の蘇民将来は大変貧しく、弟の巨旦将来《こたんしょうらい》は富み栄えていて、家屋や倉が百もあった。そこで武塔の神、一夜の宿を借りようとされたが、惜しんで貸さなかった。兄の蘇民将来は宿を貸してさし上げた。すなわち、粟がらを座として差し出し、粟飯をもって食事をさしあげた。武塔神は、宿を立ち去り出てそののち、八柱の子を連れてもどってきておっしゃることには、「わたしは、宿を貸してもらったことにお礼をしよう。汝の子孫は家にいるか」とお問いになった。蘇民将来が答えて、「わたしの女子と妻がおります」と申し上げた。すると、「茅《ち》の輪をもって、腰の上に着けさせなさい」とおっしゃった。そのことばのとおり身に着けたところ、その夜に蘇民の女子一人だけ残して、みなことごとく滅ぼしてしまった。そして、「われはハヤスサノオの神である。後の世に疫病が起こったら、蘇民将来の子孫といって、茅の輪を腰に着けよと言っておく。言う通りに着けるならば、その人は災禍を逃れるだろう」とおっしゃった。

出雲国の祖となったヒーローが貧しい身なりをして旅をしている話である。身なりが貧しくても、その力は疫病をも支配するものであったというところがポイントである。立ち去ったスサノオは、やがて、蘇民将来の一族をのぞいてすべての人々を疫病で滅ぼすのである。貧しい身なりをみて排除する態度では、疫病から生き延びることはできない、貧しくても助け合わなければ、人々は滅びる、という教えである。スサノオは、疫病のとき蘇民将来を助けたとも、疫病を引き起こすことのできる力を行使して巨旦将来の一族を滅ぼしたともいわれている。

昔の人々は、疫病蔓延の危機に直面したとき、自己中心のふるまいでは自らとその一族を滅ぼすと考えたのである。

武塔神、すなわち、スサノオの疫病神話は、この話がつくられ、記録された時代を遡るから、古来の疫病伝承にもとづくであろう。

スサノオは、ヤマタノオロチを退治した。龍蛇は水の恵みを人間に与える、その象徴であるが、対照的に、荒ぶる龍蛇は、洪水や渇水と自然災害を人間にもたらす。スサノオは国家建設と文化伝承(和歌の祖)という面とともに、人々に災禍をもたらす力をもった荒ぶる神という面をもつ。

牛頭《ごず》天王《てんのう》と祇園祭

素盞嗚神社の祭礼は、「祇園祭」といわれる。祇園とは、大陸から渡来した疫病神、牛頭天王の宮殿のことである。「祇園祭」とは、一般に牛頭天王の祭礼であるが、スサノオの祭礼の呼び名ともなっている。

スサノオと牛頭天王とが切っても切れない関係にあることを深く認識した経験がある。環境省の研究事業で、新潟県佐渡市を舞台に展開されたトキの野生復帰計画である。二〇〇六年に「環境省地球環境研究総合推進費」という資金をもとに行われた。新潟県佐渡島で予定されていたトキの野生復帰に向けて、自然環境と社会環境を整備し、放鳥に備えるための基盤整備である。文系・理系融合型の総合的な研究プロジェクトであったが、いわゆる研究だけを行うのではなく、トキの野生放鳥をめぐって意見の対立を克服して、佐渡島の人々が納得してトキの生息できる環境を整えるという仕事である。

二〇〇六年三月二十八日に佐渡汽船に乗り、両津港に到着したわたしは、プロジェクトチームのリーダー、九州大学教授の島谷幸宏さんと落ち合った。島谷教授は、旧知の間柄であった環境省の岩浅有記さんと歓談しており、岩浅さんの誘いで、その日に開催される予定のトキ野生復帰ステーションの開所式に参加した。

トキ野生復帰ステーションに向かったわたしたちは加茂湖のほとりを進んでいった。両津という地名は、加茂湖と日本海の両方に面した港町という意味である。いまはつながって汽水湖となっている加茂湖は、牡蠣養殖を主たる産業としていたので、水面には多くの筏が浮いていた。

加茂湖にはいくつかの川が注いでいるが、トキの野生復帰の中心地と考えられていたのが天王川流域である。復帰ステーションへの道はやがて天王川を横切るが、そこは小佐渡山地からたくさん伸びる尾根の一つの末端にあたっていた。通りすぎるとき、わたしたちは、こんもりとした森があるのに気づいた。神社の社叢である。神社の名は「牛尾神社」とあった。「天王」と「牛」ということばで浮かんだのはスサノオの名であった。この社にはスサノオが祀られているに違いないというわたしの予想は的中した。「牛」とは、牛頭天王に由来し、古来、この社は「天王さん」と呼ばれていたのである。

全国をめぐると、「天王」と「スサノオ」とは一体であり、「天王」の名をもつ場所、たとえば、天王川や天王山には、天王社や祇園社が鎮座し、牛頭天王あるいはスサノオが祀られている。しかも、川のほとりということも共通している。

たとえば、京都と大阪の間にある山崎は、その名のとおり、淀川に注ぐ三川、桂川、宇治川、木津川が合流する地、広大な遊水池であった巨椋池《おぐらいけ》を望む尾根筋の末端に位置する。豊臣秀吉が明智光秀と戦った天王山である。ここにはもともと天王社があったと伝えられている。

スサノオと牛頭天王が本格的に習合していったのは平安時代で、特に貞観年間といわれる。

聖徳太子が「日出づる処の天子」名の書を送ったときの隋の皇帝は、第二代煬帝《ようだい》であった。隋は煬帝の二代で滅亡し、唐が興る。唐第二代皇帝太宗《たいそう》は、名君として知られ、その治世は「貞観の治」と呼ばれた。日本では、聖徳太子が摂政を務めた第三十三代推古天皇、第三十四代舒明天皇を継いだ皇極天皇（第三十六代孝徳天皇を再び継いだ斉明天皇）と同時代の人である。「貞観」は、中国では、理想の治世の年号のひとつである。他方、日本も年号を「貞観」とした時代があった。ところが、日本の貞観年間は、中国の貞観時代とは裏腹に天変地異の連続であった。八六三（貞観五）年に畿内に疫病が流行したとき、朝廷は、六所御霊を祀る御霊会《ごりょうえ》を神泉苑で実施した。京都の祇園祭の起源となった疫病退散のイベントであった。

御霊会から六年後の八六九（貞観十一）年、大地震による大津波が陸奥の国を襲った。この陸奥地震・津波は、二〇一一年の東日本大震災に匹敵するほどの大災害であった。地震と津波は、旧暦の五月二十六日に起きた。その直後の六月十四日に祇園祭が行われた。その日までに半月ほど経っているから、現地の情報は都に届いていたであろう。

祇園祭では、人々は、疫病退散による「無病息災」を祈願する。牛頭天王は、本来疫病を流行させるおそるべき神であるが、この神の魂を鎮めることにより無病息災が実現するという信仰構造をもっていた。

一説によれば、この信仰を日本にもたらしたのは、吉備真備《きびのまきび》であるという。吉備真備は、六九五（持統天皇九）年に生まれ、七七五（宝亀六）年に没した日本古代を代表する大学者で、激動の時代に遣唐使ともなり、また晩年は聖武天皇を継いだ皇女の称徳天皇に仕え、藤原仲麻呂の乱を平定した。

京都の祇園社は、播磨の広峯神社の牛頭天王を勧請したものとされる。いまの八坂神社は八坂の地に鎮座した社として明治時代に改名された。

明治以降、牛頭天王の「天王」は、「天皇」と紛らわしいということもあり、また疫病神を表立って祀るということの禍々しさから歴史の表舞台から姿を消した。

八坂神社を訪れると、その由緒によれば、天智天皇の母、斉明天皇が創建し、スサノオを祭神としたとされている。斉明天皇は、さきほど述べたように中国の貞観時代に「貞観の治」を築いた偉大な唐第二代皇帝、太宗と同時代に生きた女帝である。

伊勢のスサノオ

佐賀の櫛田宮にスサノオを祀ったのは景行天皇であり、京都の八坂神社にスサノオを祀ったのが斉明天皇であった。では、伊勢ではどうなのか。アマテラスを祀った社が伊勢神宮であるから、伊勢の町はアマテラス一色にちがいない。そう思いながら、伊勢のまちをめぐりながら驚いたことがあった。家々の玄関に「蘇民将来子孫家門」あるいは「笑門」という札がかけてある。たずねると伊勢では一年中飾っているというのである。「笑門」は本来「将門」であったが、これでは逆賊「平将門」を意味してしまうので、「笑門」に変えたというのである。

伊勢は伊勢神宮のまちであるから、アマテラスを守り神にしてよさそうなものであるが、そうではないのである。家を守るのは蘇民将来伝承にある武塔神、すなわち、スサノオなのである。では、なぜスサノオなのか。

本来、伊勢と尾張は信濃に通じる道筋にあたり、出雲と、さらに大陸の新羅とかかわりが深く、天武天皇が壬申の乱を戦ったとき、味方となる勢力を得るために、伊勢から尾張に出て、味方の軍勢を集め、不破関（関ヶ原）から西に向かい、琵琶湖の瀬田で勝利をおさめたという。

そう考えると、伊勢で本来祀られていたのはスサノオということも考えられる。天武天皇はどちらかというと新羅勢力と親しかったといわれるから、壬申の乱を東から戦ったというのである。では、なぜ伊勢神宮は伊勢にあるのだろうか。その理由の一つは、伊勢の地が実は出雲系の神々を信仰する拠点であったからではないのか。のちにヤマトの支配を確固とするための拠点としてアマテラスの社殿を置いたのではないか。

気になるのは、『日本書紀』によると、壬申の乱のとき、吉野から兵を挙げた大海人皇子（天武天皇）と鸕野讃良皇女《うののさららのひめみこ》（持統天皇）は、伊賀から伊勢にぬけるときに、アマテラスに祈ったと書かれていることである。

伊勢神宮が現在の形で整備され始めたのは、持統天皇の時代からという。式年遷宮という現代も続くビッグイベントが創始されたのも持統天皇の時代である。

伊勢の地に伊勢神宮を置いた理由の一つには、東国の監視基地ということが考えられる。景行天皇は、皇子、ヤマトタケルに九州の熊襲征伐や東国遠征の任務を与えたが、東国に向かうにあたって、景行天皇の妹のヤマトヒメノミコトは天叢雲剣を与えたのであった。

天皇がスサノオの社を祀る。また国土拡大の力を天叢雲剣に求める。これはどういうことだろうか。日本各地で神々と出会う旅をつづけてきたわたしの心に大きく浮かび上がってきた疑問点の一つがこのことであった。

第Ⅱ部

風土に生きる神々

第六章
巨大ナマズと戦う神々――要石とプレートテクトニクス

鹿島神宮と香取神宮

これまで、スサノオとオオクニヌシを中心として、出雲の神々との出会いについて述べてきた。スサノオは治水の神、建国の神、無病息災の神として全国的な展開を見せている。

そこで、ここからは、出雲の神々に限定せずに、わたしがいろいろなところで出会った神々についても触れていこうと思う。これらの出会いは、やがて高千穂の神々から日向の神々へ、さらに神武天皇から代々の天皇を経て、歴史の時代に遷り、「記紀」の神話を編纂した天武、持統、文武、元明、元正の神話・歴史編纂時代にまで至ることになる。

各地で出会ったスサノオは、治水・無病息災というリスク管理の神として力を発揮することを期待された。では、地震はどうなのかといえば、出雲の神々は縁がないようである。

アマテラスはオモイカネに相談して、第二子であるアメノホヒに日本の国土を平定・征圧するように命じたのであるが、アメノホヒは、オオクニヌシに媚びてとどまってしまった。つぎにやはりオモイカネのアドバイスに従って命じたのは、アメノワカヒコで、これも同様の結果となった。『古事記』によると、最後にアマテラスは、武力によって征圧しようともくろみ、二柱の神を出雲に送る。それがタケミカヅチ、『日本書紀』によるとタケミカヅチとフツヌシであった。タケミカヅチとは、雷を象徴とする武力の神であり、フツヌシとは刀を代表とする武器の威力の神格である。地震とかかわる神といえば、このタケミカヅチとフツヌシである。

国を譲れというタケミカヅチの要求に対し、オオクニヌシは、日本の国の将来を息子の二神の判断に委ねた。抗戦を主張するタケミナカタと譲歩を考えるコトシロヌシである。結局、タケミナカタとタケミカヅチは戦うのだが、タケミナカタの敗戦となる。神話では、相撲をとったことになっていて、これで形勢は決まった。タケミナカタは、信濃に移封され、コトシロヌシは美保関の海に自ら身を沈めた。

わたしがタケミカヅチを主祭神とする鹿島神宮とフツヌシを主祭神とする香取神宮を訪問したのは、日本の神社の森、社叢を守ることを目的として設立された一般社団法人社叢学会に基調講演を依頼されたときであった。学会は二〇一六年六月十九日、鹿島神宮の祈禱館で開催された。前日、鹿島神宮と香取神宮を見学し、その成果を含めて講演内容を構成した。

梅雨の合間の一日であった。気温は、朝から三十度を超えていたので、鹿島神宮の参道の茶店で首にまく手ぬぐいを買ったほどであった。

ところが、鳥居をくぐると見事な社叢が参拝客を迎えてくれる。帽子を取るとさわやかな涼しい風が吹きぬけてゆく。暑さをすっかり忘れるほどの涼しさである。

鹿島神宮の創建当初は、伊勢神宮のように遷宮をしていたそうなのだが、そのためには、大量の材木が必要となる。樹林の持続的管理のためには、遷宮は不適切だというので取りやめたという。それどころか社叢を守るために植林をはじめたというのである。そのことが社伝に記録されている。これが最古の植林の記録という。

要石《かなめいし》

徳川秀忠寄進の本殿の前を通り、奥宮に至ると、道は二手に分かれる。右手にゆくのが要石への道である。

鹿島神宮の社叢は、常陸の国の最東端に位置する。北から南に伸びる台地の最南端の地である。神宮は、別の丘陵の上に位置する香取神宮と北浦をはさんで対峙する形になっている。鹿島と香取の地は、タケミカヅチとフツヌシという力の神が低平地を挟む空間を守っている。その威力は、この広大な空間を覆っているかような印象である。

要石に向かって細い道をしばらくいくと、石碑が立っている。男が大きな鯰《なまず》の頭に剣を突き刺している姿のレリーフである。勇猛なタケミカヅチの姿である。

石碑の先をさらにゆくと、囲いをした場所がある。参拝客が覗き込んでいる。こんなに小さな

鹿島神宮の要石（左）と香取神宮の要石（右）

石なのかと思うほどの、少し凹んだ石が地面から少し頭を出している。脇に小林一茶の詠んだ句が札に記してあった。

大地震《おおなゐ》にびくともせぬや松の花

同じ日の午後、香取神宮を参拝した。こちらの要石は、鳥居からほどない参道脇の小道の先にある。鹿島神宮の要石と比べると、やや大きい。丸いずんぐりとした石が地上に顔を出している。

要石とは、巨大地震を引き起こす地下の巨大鯰を抑え込む石である。要石の威力とタケミカヅチの神力とが同一視されているのである。

大ナマズとの戦い

鹿島神宮の祭神、タケミカヅチを描いたものとして有名なのが、江戸時代の安政大地震のあとに刊行された鯰絵である。この地震で多くの死者を出した江戸であったが、人々は、この自然災害のイメージを巨大な鯰に託し、浮世絵を刊行した。

タケミカヅチが巨大鯰の頭から剣を突き刺して退治する絵もあるが、江戸人の想像力は、そこにとどまらなかった。タケミカヅチに責められて、巨大鯰が切腹している絵も存在する。その腹からざくざくと出てきているのは、なんと小判である。地震は人々に災害を引き起こすが、それだけなく、経済効果ももたらす。地震で儲ける人々もたくさんいるのだ。地震で死んだ人々が幽霊となって、鯰と宴会する人々を恨めしそうに眺めている鯰絵も残っている。

地震は、弱い人々を困窮させ、あるいは建設産業を利するだけではない、という「世直し鯰」も存在する。要石を背負った大鯰が金貸しを懲らしめている絵も出た。それだけでなく、被災者のボランティア支援活動を行っている鯰の姿を描くものも、復興景気で大儲けをしている建設業者たちが鯰を囲んで喜んでいるものもある。

科学と神話

考えてみれば、地震や津波そのものは、災害ではない。地球のダイナミックな営みであり、自然現象にすぎない。地震を起こす鯰そのものは、善でも悪でもないのである。大地は動くものであるという真理を教えてくれるのが鯰なのである。

自然災害と日本の神々との関係は、各地の風土に根づく人々の信仰との深い関わりを示している。日本の国土は、アジア大陸の東に浮かぶ列島である。その成立には、太平洋プレート、ユー

上は、安政の大地震後に刊行された鯰絵。要石を拝む人々。下は、「鹿島要石真図」。要石とは実は、タケミカヅチであるという図

ラシアプレート、北米プレート、そして、フィリピン海プレートという四つのプレートのダイナミックな運動が起因している。地震と火山活動は、その運動によって生まれる現象である。鯰のイメージは、プレートテクトニクスを知らない人々が、大地の底に潜む巨大なエネルギーを感じ取っていたということの証である。それどころか、気まぐれな巨大鯰は、いつ動き出すか分からない。その力は、人間と社会の現実を揺り動かす力をもつ。いい人間も悪人も関係なく、その生存基盤をぐらぐらさせるのである。

こう考えてくると、要石とは、地球の営みと人間の想像力を結ぶ象徴的装置である。大地は揺れるものであるという認識を共有させ、また、発信する装置にもなっている。大地の営みが脅威となることへの備えを訴える存在である。あるいは、動揺する人間の心を揺れる大地につなぎとめるポイントであるということもできるかもしれない。

プレートテクトニクスで示される地球の運動は、鹿島神宮と香取神宮を包む空間をはるかに超えて、日本列島そのものをすっぽり包む。いわば、超巨大鯰である。日本列島を載せている大鯰をイメージしたほうが、地震の発生確率何パーセントといった説明よりも、危機に備える心的態度の形成には有益かもしれない。

要石と鯰を笑う人々には、二種類あるように思う。江戸人の風刺と諧謔に思わず膝を打つ人々と、非科学的で検証不可能な神話だといって軽蔑の笑いを浮かべる人々とである。後者は、科学的理論のもとに鯰の威力を「想定外」と言った。巨大鯰の理論を科学化したとも思えるプレートテクトニクス理論は、原子力災害を止める力にはならなかった。

高レベル放射性廃棄物の最終処分場の立地は、この四枚のプレートがせめぎ合う日本列島のどこかにあるはずだという夢を思い描く人々もいる。この夢を描く人々の空想力は、巨大鯰を創りだした想像力を凌駕しているとも思えてくる。

鹿島・香取から春日へ

日本神話では、イザナミがカグツチという火の神を生んで死んでしまったとき、これに怒ったイザナギは、カグツチを斬り殺した。その飛び散った血から生まれたのがフツヌシであり、もうひとりはミカハヤヒノカミで、その子どもがタケミカヅチだという。あるいは、フツヌシのあとに生まれたのがタケミカヅチであるという伝承もある。

『日本書紀』によれば、タケミカヅチとフツヌシは、アマテラスの孫、ニニギの降臨に先立って出雲の征圧に成功したのだが、この二神が鎮座するのは、出雲からはるか離れた鹿島と香取の地であった。

縄文海進の時代には、鹿島、香取の地は、多くの土地が海のなかに沈んでいた関東平野にあって、鹿島台地の上に存在していたので、地の底でうごめく力を敏感に感じることができたのであろう。そこに要石はあった。おそらく、タケミカヅチとフツヌシの伝説が訪れる前から地震にまつわる神格は存在したと想像できる。記紀の神話と地震伝説が重なり合い、地域の風土の伝承となったのである。

鹿島神宮の境内では、鹿が飼われている。奈良の鹿は、もともとは鹿島から送られたものだという。鹿は奈良の春日大社に祀られる神のシンボルである。春日大社は、平城京の守り神であるとともに、そこに祀られる神々は、藤原氏の氏神であった。藤原氏は、巨大地震を引き起こすナマズをも押さえ込むことのできる神を祖神としたのである。

第七章
「ふるさと見分け」の方法——姥ヶ懐・裂田溝の危機

豊前の海の聖地・姥ヶ懐《うばがふところ》　危うし

日本の神々は人々が直面する危機管理の役割を果たしてきた。しかし、そのような役割の認識も希薄になってゆく現代では、神々もまた危機にさらされる。わたしたち現代人がもたらす神々の危機である。

公共事業によって河川が改修され、道路が建設されるとき、そこに神々の聖域があると、邪魔者扱いされるか、あるいは、その存在を認識されないまま破壊されてしまうこともある。あるいは、その空間の意味をしっかり認識せずに、作り変えてしまうこともある。そのような例を挙げてみよう。

福岡県行橋市の海岸、姥ヶ懐は、英彦山《ひこさん》から流れ出る祓川《はらいがわ》が瀬戸内海に注ぐ河口の右岸近くにある。英彦山とは深い因縁でつながれた聖地である。

祓川河口の左岸には蓑島神社、右岸には、龍日賣《たつひめ》神社が鎮座する。両社は、山と海を結ぶ山幸彦伝説で知られる。神武天皇の祖父にあたるヒコホホデミ（山幸彦）が蓑島神社に祀られ、その妻である海神《わたつみ》の娘、トヨタマヒメが龍日賣神社に鎮座する。祓川右岸は沓尾《くつお》といわれる。地形が文字通り、祓川の段丘の尻尾のようになって海にせり出している。こうした地形は、その地下に豊かな水の流れを潜ませ、多くのミネラルを合わせて、海底から湧き出させる。豊かな生態系と生物資源の源になっているのである。「豊前の海」の名の通りである。山と海をつなぎ、海の恵みと航行リスクの回避という古代人の願いが龍神の娘、トヨタマの龍日賣神社に象徴されている。

その沓尾海岸の聖地、姥ヶ懐で、道路建設の問題が起きた。沓尾地区から新たに作られる漁港に至る道路建設は、海岸に豊かな恵みをもたらしていた地形を断ち切るような計画になっていた。姥ヶ懐海岸で環境教育活動のリーダーであった原賀いずみさんは、九州大学島谷研究室に助けを求めた。島谷さんは、わたしに協力しないかと打診してきた。もちろんわたしは、快諾した。

原賀さんたちは、道路計画におどろき、その変更を行政に要請した。市民の願いは、行政もまたこの海岸の価値を深く認識し、その上で計画の変更を行うことであった。ところが、行政は、この空間が地域の文化や歴史的伝承をもっているという認識を欠いていて、そのような価値を道路建設という空間改変の公共事業に直接に結びつける思考回路をもたなかった。

市民たちは、大切なふるさとの風景の意義を問おうと、シンポジウムを企画した。二〇〇六年に「豊の国！　地域づくり――川と海の文化再発見」と題したこの企画に招かれたとき、たどり着いたのが、「空間の価値構造認識」という考え方である。わたしは、この「空間の価値構造認識」の考え方を「ふるさと見分け」というわかりやすい言葉で説明した。「空間の価値構造認識（ふるさと見分け）」とはつぎのような方法である。

道路工事前の姥ヶ懐（上）と建設途中の同海岸（下）

一、空間の構造を認識する。山、川、海、里、町の構造を地質、地形、地理的な観点から理解する。

二、空間の履歴を掘り起こす。地域空間に蓄積された歴史を伝説、伝承、記録、そして人々の記憶から把握する。

三、人々の関心・懸念を摑む。人々が自分の暮らす空間をどのように考えているか（意見）、なぜそのように考えているか（意見の理由）、なぜそのような理由をもつに至ったか（理由の来歴）を捉える。

「ふるさと見分け」の方法のうち、第二の「空間の履歴」を掘り起こしてみると、姥ヶ懐とはどんなところなのだろうか。いまも述べたように、修験道の聖地、英彦山から流れる祓川が海に注ぐ地点に位置する。

川と海を見下ろす高台に今井津須佐神社がある。「須佐」の名からスサノオが祭神であることがわかる。全国津々浦々で行われる祇園祭は、無病息災を祈る祭であり、スサノオに由来するが、今井津須佐神社の今井祇園の祭は有名である。ここでもわたしはスサノオと出会った。

行橋の今井津須佐神社は、京都から勧請されたものであるという。スサノオの神徳を期待する地域の人々のニーズは、祓川の洪水とそこから生じる疫病のリスク管理である。

他方、祓川河口をはさんで、左岸には蓑島神社が、右岸には龍日賣神社が鎮座している。龍日賣神社の祭神であるトヨタマヒメは、出産のとき、姿が鰐（『日本書紀』の一説では龍）であることを夫に見られ、龍宮に帰ってしまう。生み落とされたウガヤフキアエズ（神武天皇の父）を育てたのは、トヨタマヒメの妹、タマヨリヒメであった。タマヨリヒメは乳母として、ウガヤフキアエズを育て、やがて結婚して、神武天皇を生む。タマヨリヒメを祀る社殿はないが、「姥ヶ

姥ヶ懐から見る蓑島（上）と祓川をはさんで蓑島から見る姥ヶ懐（下）。ヤマサチとトヨタマヒメの夫婦和合の浜が道路工事で破壊された

懐」の名は、タマヨリヒメを連想させる。姥ヶ懐には、洞窟があり、そこからしみ出す水を飲むと乳がよく出るという言い伝えがあった。

蓑島神社の祭神であるヤマサチは、龍宮を訪れたとき、彼女たちの父親であるワタツミから海の水をコントロールすることのできる二つの玉、潮満珠《しおみつたま》と潮涸珠《しおひるたま》を授かる。潮の干満をコントロールできる力を手にいれることで、対立する兄、ウミサチヒコを従属させ、日本の国土を支配するにふさわしい知恵を手に入れる。山の女神から生まれたヤマサチが海の女神を娶ることによって海と山を支配する。物語の主人公がヤマサチであり、その孫が神武天皇であった。

祓川の源流は英彦山である。この山は修験の山だったことで有名である。英彦山のお汐井取りの行事が姥ヶ懐で行われているのも、神聖な空間を清浄に保つという地域の願いに由来している。姥ヶ懐の秘儀で採られた水は、英彦山の神域を清めるために使われる。英彦山は、神仏分離、廃仏毀釈の嵐のなかで破壊されたこともあって、秘儀の歴史は地域の人々の記憶から遠ざかっていた。

原賀さんたちは、「ふるさと見分け」に力を傾け、地域の魅力を深く豊かに掘り起こしていった。結局、公共事業は強行されて、巨大な道路は海岸を覆い、美しかった景観は失われてしまった。しかし、市民の粘り強い活動の結果として、最悪の事態は避けられた。沓尾海岸でもっとも大切な姥ヶ懐の中心は計画変更によって守られたのであった。

日本最古の農業用水路・裂田溝《さくたのうなで》を守れ

神社に祀られるのは、多くが神話の神々だが、全国にたくさん祀られる八幡神は、神話時代の神ではなく、景行天皇の孫である仲哀天皇の后、神功皇后とその子の応神天皇である。また関東で多く祀られるヤマトタケルは、景行天皇の皇子で仲哀天皇の父であった。

アマテラスを皇祖とする神々から天皇の系譜のなかで、ヤマトタケルと神功皇后・応神天皇はどのあたりの位置にあるのだろうか。ここで、神々からの系譜を概観してみよう。

アマテラスを皇祖とする系譜は、オシホミミ、ニニギ、ヒコホホデミ（山幸彦）、ウガヤフキアエズを経て、初代天皇の神武天皇に至る。

神武天皇からのちは、綏靖《すいぜい》、安寧《あんねい》、懿徳《いとく》、孝昭《こうしょう》、孝安《こうあん》、孝霊《こうれい》、孝元《こうげん》、開化《かいか》、崇神《すじん》、垂仁《すいにん》とつづく。さらに、景行《けいこう》、成務《せいむ》、仲哀《ちゅうあい》、応神《おうじん》、仁徳《にんとく》、履中《りちゅう》、反正《はんぜい》、允恭《いんぎょう》、安康《あんこう》、雄略《ゆうりゃく》、清寧《せいねい》、顕宗《けんぞう》、仁《にん》賢《けん》、武烈《ぶれつ》、継体《けいたい》、安閑《あんかん》、宣化《せんか》、欽明《きんめい》、敏達《びだつ》、用明《ようめい》、崇峻《すしゅん》となり、そのあと、最初の女帝、推古《すいこ》天皇となる。つぎの舒明《じょめい》のあとも女帝、皇極《こうぎょく》で、孝徳《こうとく》のあと皇極が重祚《ちょうそ》して斉明《さいめい》、天智《てんじ》、天武《てんむ》、持《じ》統《とう》（女帝）、文武《もんむ》、元明《げんめい》（女帝）、元正《げんしょう》（女帝）、そして聖武《しょうむ》天皇へと続くのである。仲哀天皇の皇后、神功皇后は、『日本書紀』では、天皇扱いの章を設けている。また、天智天皇の後継者は大友皇子であったが、即位したかどうかは不明で、明治政府は、即位したとして、弘文《こうぶん》天皇とした。

ここで気づくことだが、天皇は、だれもが神として神社に祀られているわけではない。しかし、神功皇后とその子、応神天皇は特別扱いである。

天皇の名は諡《おくりな》であり、その業績などを考慮して後から与えられたものが多い。そこで、その名から天皇が行った事績を推察することが可能な場合もある。「景行天皇」は、みずから九州遠征に赴き、また、その子ヤマトタケルに命じて九州、東国遠征に力を尽くしたので、「行」の字があると覚えればよい。景行天皇もヤマトタケルも国土征圧に奔走した、いわば軍神であった。

第十二代景行天皇を継いだのは、第四皇子であった第十三代成務天皇である。成務天皇には子がなかったので、異母兄であったヤマトタケルの子が即位する。第十四代仲哀天皇である。

「仲哀天皇」とは、「哀しい夫婦仲の天皇」の意味で、天皇の業績とはほど遠い意味の諡であり、その悲劇的な生涯をよく表している。皇后であるオキナガタラシヒメ（神功皇后）と遠征をめぐって対立し、不遇の変死を遂げたことに由来する。その死は、アマテラスと住吉の神（ウワツツノオ、ナカツツノオ、ソコツツノオの住吉三神）の神託に背いた「天つ罪」という激烈なものであった。他方、「神功皇后」という名は、まさにその名の通り、仲哀天皇に代わって、三韓征圧という大業をなしとげた皇后という意味である。

仲哀天皇は、九州の熊襲との戦いのために筑紫に陣を置いた。そのとき、妻であり巫女でもある神功皇后により「新羅に向かうように」というアマテラスと住吉の神のお告げを受けたのだが、これを無視したために、琴を奏でながら変死を遂げた。これは神に対する最悪の罪である。神功皇后により秘密裏に軍議が催されたとき、樫の木に棺を立てかけて香をたいたので、その地を香《か》

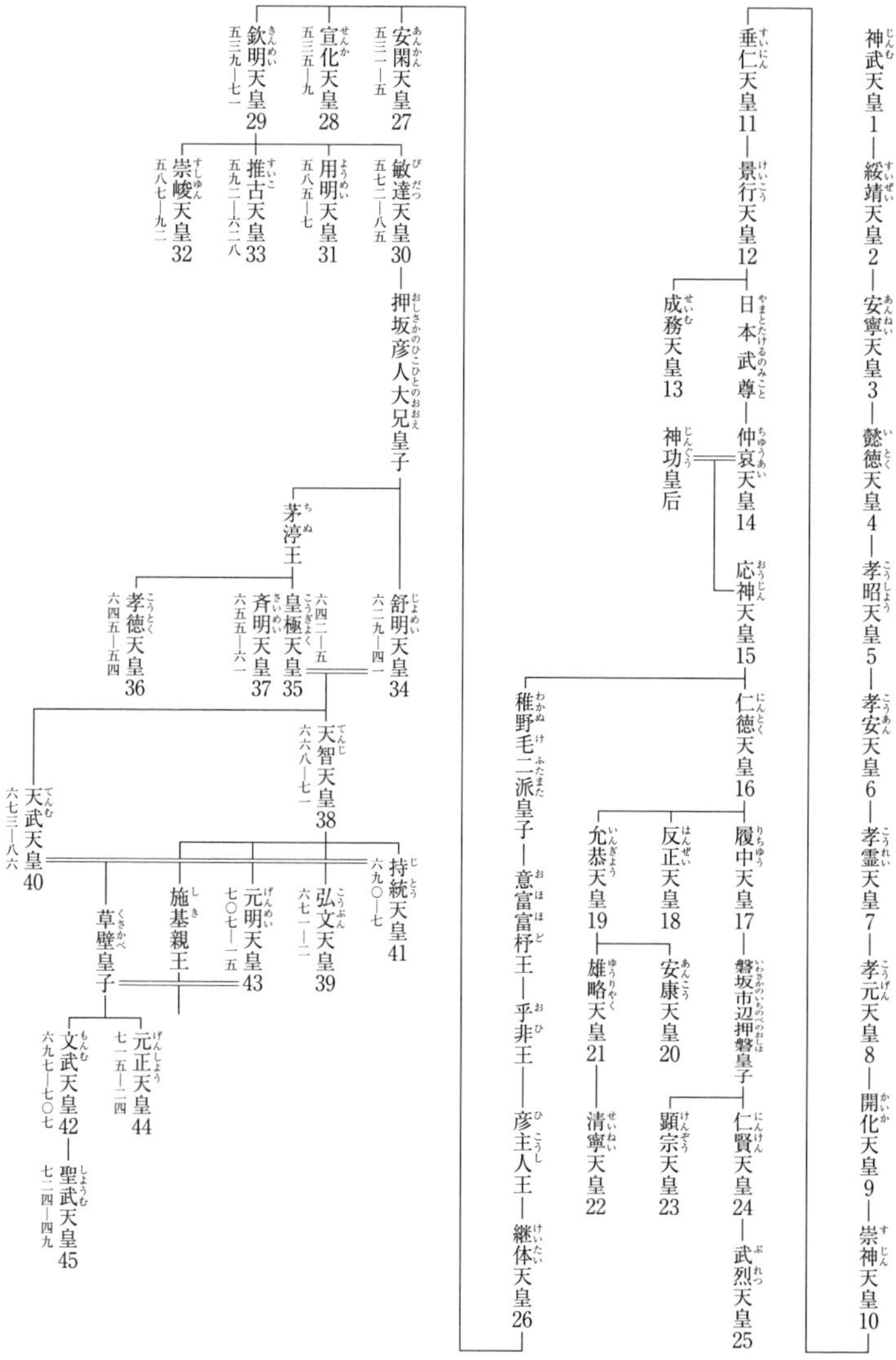

天皇系譜（宮内庁ホームページを参照して作成）

椎宮《しいぐう》という。新羅侵攻は神功皇后のリーダーシップのもと敢行された。いまも福岡の香椎宮には古宮がある。神功皇后が棺を椎木に立てかけて軍議を開いたという伝説の地である。

神功皇后は、新羅遠征を企てたとき、沿岸を守る住吉の神のサポートを得るために、神田を開発しようとした。那珂《なか》川から水路をひいて新たに田を作って住吉の神を祀る現人《あらひと》神社に寄進しようというのである。ところが水路建設のときに難題が現れた。水路の予定地に岩が出てきて、工事ができなくなった。そこで武内宿禰《たけうちのすくね》が天に祈ったところ、雷が落ちて岩が割れて水を通すことができたという。そこでこの農業用水路は、裂田溝と言われた。岩を裂いて作った農業用水路という意味である。

裂田溝には長らく、岩の一部が残されていた。この岩は、高千穂の神代川《じんだいがわ》の河床にあった溶結凝灰岩と同じで、昔、阿蘇山の大噴火のとき押し寄せた火砕流の名残であるという。ところが、である。福岡県の農政部は、農業用水路一帯の環境整備として、この岩を保存と称して石膏で埋め込もうとしていた。

驚いたのは、こうした地域の環境問題を研究していた福岡大学の渡辺亮一さんで、九州大学で土木工学・環境工学を研究する島谷幸宏さんに連絡し、島谷さんは、わたしに応援を求めてきた。現地に行ってみると、環境整備と称してはいるが、その重要性にもとづく設計も工事もされていないことが判明した。わたしは当時農林水産省の食料・農業・農村政策審議会の企画委員会に所属していて、農水省農村振興局の幹部と知り合いだったこともあり、島谷さんとともに、国と県の両方に働きかけて、工事の見直しを求めた。その結果、福岡県は工事をいったん中断、古代の遺構にふさわしい形で整備を進めることになったのである。

裂田溝の風景を見ながら考えたのは、「空間の構造」と「空間の履歴」という点からこの空間はこの上なく興味深く、また、地域にとって重要な意味をその景観のなかに示しているということである。景観を読むということは、その地域の空間の価値を読み解くことを意味する。空間の価値は、地質的地理的空間構造や生態系とそこにかかわった人間の関心・懸念、そこから発生した空間再編の行為によって与えられる。それが履歴として蓄積されている。

神功皇后を祀る裂田神社の脇を流れる裂田溝は環境整備の名の下に遊歩道設置と護岸の整備が行われた

しかし、「空間の構造と履歴」を理解できないととんでもないことが起きる。裂田溝の場合も、農林水産省の「疏水百選」に指定されていたにもかかわらず、環境整備の名のもとに改修工事が行われた。自然護岸がコンクリートによって固められ、裂田神社の所在によって手つかずであった良好な生態系に重機が入り、遊歩道となろうとしていた。

裂田溝の事業では、見た目の形や軽快な遊歩空間が良好な環境であると認識されて工事が始まっていた。それ以前に調査委員会の報告があり、裂田溝は重要な古代の土木遺産であるということが認識されているにもかかわらず、整備計画のなかに活かされていなかった。そしてまた、現場の担当者もそのことを意識していなかった。「環境」「景観」の整備がこうした「空間の価値構造」の観点を欠くと、無惨な風景に変貌してしまう。

環境や景観に対する意識が高まっても、じっさいの現場で行われているのは、カタログ的な環境や景観でしかないことも多い。そこにあるのは、空間を環境の観点から整備するにはカタログに記載されている資材や方法でどのように行うかという思考であり、空間固有の構造を捉えることをせず、普遍的な原理にもとづく工法を投入しようという、近代的普遍主義の論理と倫理の無反省な適用である。

第八章
白き山の姫神——在地神と外来神

白山比咩大神《しらやまひめのおおかみ》

　神々との出会いは、さまざまなかたちで訪れる。記紀の「国譲り」で日本の神々の背後に退いたかに見えた出雲の神々は、風土のなかで出会うと、いまも生き生きとその存在感を発揮している。国譲りを迫った神々の系譜も九州を中心として各地に残っている。しかし、記紀に記録されないか、わずかな記録が残るだけの神々もまた多く存在している。

「風土のなかの神々」のことを考えていた初冬のある日、石川県白山市の北陸本線松任《まっとう》駅に降りたことがあった。農林水産省の関連団体、日本水土総合研究所の客員研究員として、この地で開催のシンポジウムに参加するためである。

　その日は、日本海から寄せる黒雲ですでに暗く、駅前には人影も少なかった。近くのホテルに向かって歩き出すと、激しく霰《あられ》が降り出した。降り出したというよりも、大量に天から落ちて、風に飛ばされ、顔にぶつかってくるのである。

霰は翌朝の雪の予兆であった。白山市で行われる地域活性化フォーラムの登壇者一行は、地域を実見するためにいくつかの施設を訪れることになっていた。その最初は白山市の名前のもとになった白山由来の神社、白山比咩神社である。「白山比咩」は、「しらやまひめ」と読む。「比咩」は「姫」と同じで、音への当て字である。

白山比咩神社本宮は、白山を源流とする手取川《てどりがわ》が平野に出ようとするところ、白山から複雑に伸びる尾根の末端に位置する。白山からは、手取川のほかに、伊勢湾に注ぐ長良川、富山湾に注ぐ庄川、日本海に注ぐ九頭竜川という大きな川が流れ出している。

天気が悪く、本参道を上ることができなかったので、脇から車で参拝することになった。本殿は雪のなかにあった。白山比咩神社の祭神は、シラヤマヒメであるが、シラヤマヒメとは文字通り、白山の女神である。白山そのものを神格化した神にちがいない。

山と神との関係でいえば、いろいろなところに神名備山《かんなびやま》があって、日本の神々の信仰が山と深い関係をもっていることが分かる。もっとも有名なのは、大和の三輪山である。山体そのものがご神体であり、大神《おおみわ》神社には拝殿があるのみで、本殿はない。

ご神体といっても、山そのものが神なのではない。神はそこに居るのであるか、あるいは、そこに立つ（出現する）、あるいは依る。拠り所としてのご神体である。

三輪山の神は、オオモノヌシ、すなわち、オオクニヌシの幸魂《さきみたま》・奇魂《くしみたま》といわれる。オオモノヌシはオオクニヌシが国づくりを完成しようとした直前に現れ、自分を大和の三輪山に祀れといったというのが日本神話の伝承である。したがって、オオモノヌシは、はじめから三輪山を拠点とする神ではなかった。

これに対しシラヤマヒメは、白山の神格化である。日本列島の中心部に位置し、多くの河川の源流となり、しかも、巨大な白い自然のダムを頂く山、それが白山である。日本の風土に深く根ざすこの神には、一つ謎がある。これほどまでに日本の風土に根ざした、すなわち在地の神であるにもかかわらず、『古事記』『日本書紀』には登場しないのである。

ただ、古来の伝承として、シラヤマヒメは菊理媛《くくりひめ》と同一神であると考えられてきた。こちらのククリヒメは、『日本書紀』の巻一のイザナギ、イザナミ夫婦の物語の一節に一度だけ登場する。アマテラス、スサノオを生んだイザナギは、最後にカグツチを生む。ところがカグツチは火の神であり、イザナミは女陰の火傷がもとで黄泉《よみ》の国へ行ってしまう。それを追いかけてゆくイザナギとのやりとりは、ギリシア神話のオルフェウスとエウリディケーにも比される物語である。『日本書紀』の編纂者が採択した資料の一つにククリヒメが登場するのである。

イザナギがイザナミと黄泉比良坂《よもつひらさか》で争っているとき、イザナギは、「わたしがはじめ悲しみ慕ったのは、わたしが弱かったからです」といった。すると、黄泉の国の入り口を守る泉守道者《よもつちもりびと》が申し上げるには、「イザナミノミコトからお言葉があります。『わたしはあなたと国を生みました。なのに、どうしてこの上、生むことを求めるのですか。わたしはこの国にとどまりますので、ご一緒には帰れません』とおっしゃっております」と。このときククリヒメノカミが申し上げることがあった。イザナギノミコトはこれをお聞きになり、褒められた。そして、その場を去られた。

夫婦の諍いに第三者が調停する場面である。ククリヒメが何を言ったかは記されていない。ククリヒメは、「括《くく》る」だから、縁結びの神ということも言われるが、それでは意味が合わない。最適な解決策は、夫婦和解というよりも、円満離別である。すると、括るは、むしろ、「締めくくる」の意味ではないか。

ククリヒメには、白山とのつながりを示唆するエピソードはない。シラヤマヒメがククリヒメと同神とされたのは、記紀にシラヤマヒメの記述がないことが理由のようにも思われる。

では、どうしてシラヤマヒメのような日本の風土にとって大切な神が記紀に登場しないのか。この問いは、日本の神々と風土との関係を捉えようとするときに極めて重要な意味をもつ。

多様な神々の来歴

ここでわたしの考えを述べれば、まず第一に、記紀に記載された日本神話の神々は、出雲の神々のように日本国土の開発と危機管理・国家経営という点で重要であり、高千穂・日向の神々のように記紀を編纂している大和朝廷の皇統をたどるために重要である。このどちらにも該当しない神々は、地域にとってどんなに大切な神々であっても、記載から漏れてしまうということもありうるのである。

しかも、天皇家の皇統に位置づけられる神々は、日本の在来・在地の神々ではないということも重要な点である。皇統神話は、日本の風土にとって外来の神々がその拠点を日本列島に置いた経緯を意図的に記述する物語である。外来の神々がやってきて居を構えようとするときに、在来の神々を登場させることは、その外来プロセスにとってむしろ邪魔である。外来の神々の拠点形成を正当化する物語にとって、在来の神々を高く評価することは、むしろ障害になるからである。しかも、その外来プロセスのなかに在来の神々の物語を位置づけることは難しい。

記紀の編纂者にとっては、在地神の正当化ではなく、外来神が経てきたプロセスを編纂することが眼目であったからこそ、在来の神々のなかでももっとも崇高で拒絶しがたい白山を意図的に記載しなかったのではないか。

こう考えてくると、日本の神々の特質を理解しようとするときに、「在来」と「外来」の概念は極めて重要な意味をもってくる。

シラヤマヒメは、日本の風土に根ざす神ということができるから、これを「在地神」と呼ぶことにしよう。国府が置かれた隠岐《おき》島後《どうご》の一之宮である水若酢《みずわかす》神社の祭神、水若酢命《みずわかすのみこと》も、また玉若《たまわかす》酢命《のみこと》神社の祭神、玉若酢命も在地神である。ただし、こちらには、出雲の神々、大己貴命《おおなむちのみこと》・須佐《すさ》之《の》男命《おのみこと》・稲田姫命《いなだひめのみこと》・事代主命《ことしろぬしのみこと》・須世理姫命《すせりひめのみこと》も配祀されている。

「在地神」と対照的なのは、外からその地にやってきた神である。これを「外来神」と呼ぶことにしよう。先に述べた三輪山のオオモノヌシはその代表である。比叡山の東麓に鎮座する日吉《ひよし》大社の二神、オオナムチ、オオヤマクイもまた出雲系で、外来神である。

ただし、外来神といっても、日本の国土内部から移動してきた神であるから、これを日本の国土の外から来た神と区別する必要がある。後者を「渡来神」と呼ぼう。渡来神は、外国から来た神である。外国から渡来してきた神としては、たとえば新羅からやってきて出石《いずし》神社に祀られるアマノヒボコは、その代表例である。

「渡来神」に対して、日本神話で重要な位置を占めるのは、垂直方向から渡来した神々、すなわち、天から（高天原から）移動してきた神々である。天から地上への移動を「降臨」というから、これを「降臨神」と呼ぼう。「天つ神」といわれる一群の神々は、この降臨神である。その最初は、アマテラスの孫、ニニギの降臨である。ニニギは複数の神々を伴って地上に降り立ったので、これらの神々も降臨神である。ニニギに付き従ったアメノウズメもまた降臨神で、地上で迎えたサルタヒコと急ぎ婚姻を結んだ。サルタヒコは、この意味で日本の国土の在地神であるが、道案内の神であり、シラヤマヒメのように特定地域の風土に直結しておらず、出雲にも伊勢にも伝承がある。アマテラスの降臨は記紀に記されてはいないが、やがて伊勢に鎮座している。したがって、降臨神という性格をもつであろう。

さて、記紀に記されている最初の降臨神は、ニニギではなく、高天原での不遜な振る舞いで追放されたスサノオである。スサノオが降り立ったのは、出雲の鳥髪峰である。スサノオが地上に降り立ったことは降臨とは呼ばれないが、天から降りてきたので、スサノオもまた降臨神である。また『日本書紀』には、スサノオは新羅から渡来したことをうかがわせる記述がある。そうすると、スサノオは、降臨神であり、外来神であり、渡来神でもあることになる。

神武天皇が東征して大和を陥落させたとき、降伏したナガスネヒコが奉じた神とされるのは、ニギハヤヒである。このニギハヤヒもまた天磐船《あまのいわふね》に乗って天降ったといわれるから、降臨神である。日本列島の支配者となった人々の奉じる神々には、その神格として降臨という性格が付与されている。

さらに、外来神のうち、武力あるいはそれに準じた手段でその地域にやってきた神は、いわば征服神である。たとえば、スサノオは、その土地を支配していたヤマタノオロチを退治して君臨したので征服神であり、オオクニヌシに国を譲ることを強要したタケミカヅチもフツヌシも征服神であるが、出雲に鎮座してはいない。これに対し、関東一円に鎮座するヤマトタケルは東国の征圧の主人公であるから、征服神というにふさわしい。

神話の時代から天皇の時代になって、景行天皇は、九州遠征のとき、神埼で創建した櫛田宮にスサノオとクシナダを祀った。遠征したのは景行天皇であり、スサノオではないから、この場合、スサノオは征服神ではなく、「勧請神《かんじょう》」と呼ぼう。東京の根津神社では、スサノオを祀ったのは、ヤマトタケルであるとされている。ヤマトタケルがのちに神として祀られることになれば、ヤマトタケルは征服神でもあり、勧請神でもあることになる。

はるかに降って、源氏が東征したときに既存の神社に八幡神を鎮座させるのは、征服ではない。征服したのは源氏であり、神は源氏に呼ばれて鎮座するのである。

聖武天皇が東大寺大仏殿を建立したとき、その土地を祓うために呼んだのが宇佐の八幡神である。この意味で、大仏殿と並ぶ手向山《たむけやま》八幡宮の八幡神は、勧請神である。

ただ、八幡神とは、神功皇后とその子、応神天皇（ときとして景行・成務・仲哀・応神・仁徳の五天皇に仕えた伝説上の人物、武内宿彌も祀られる）であるから、これは、日本の天皇であって、降臨神でも渡来神でも外来神でもない。また、特定の土地に根ざした神でもない。神功皇后は新羅遠征を行い、大陸との交流を開き、応神天皇はその進んだ文化技術を取り入れたという事績をもとに神格化されたと思われる。わたし自身が感じたところによると、八幡神は、神功皇后の遠征の由来のある地域のほかには、農業基盤（水路やため池）の枢要な地点や港湾を見守る場所、さらには、農村集落の中心部に置かれていることが多い。東国では、源氏の遠征の拠点に置かれている。いずれにせよ、八幡神の性格には興味深いところが多い。

シラヤマヒメが祀られる白山は、日本の国土のなかで、その豊かな水資源をたたえるきわめて重要な位置を占めている。それにもかかわらず、記紀のなかにその物語が現れないというのはどういうことなのだろうか。シラヤマヒメは在来の神であり、征服王朝の系譜の記述に必要とされない神であったから、というのがわたしの暫定的な答えである。

神々の区分

日本の各地をめぐりながら、地域に伝わる神々の風景を読み解き、ときに記紀神話に目を通してゆくと、日本人の信仰は、決してアニミズムなどではないということがわかってくる。とくに皇統につらなる神々は、日本の自然環境に深く根ざしているという一般通念と真逆の事態であることに気づく。両者は相当なギャップをもつのである。

これまで述べてきたように、わたしが日本神話に関心をもったのは、文献を読むことからではない。日本各地の公共事業に従事しているうちに、日本の風土のなかに鎮座する神社の性格をその風景から読み解くという作業を行った結果である。もしも文献から日本の風土を眺めていたならば、このような観点は得られなかったのではないか。わたしは、日本の風土に立って、文献編纂者の関心を国土から見ているのである。

では、どうして記紀の神々は日本の風土に根ざしているというような考えが生まれたのだろうか。この問いに対する答えをわたしはまだもっていないが、日本各地をめぐりながら思うには、神々の渡来後、時を隔てて渡来した仏教との間に生まれたハイブリッド、修験の山岳信仰が大きな役割を果たしたのではないか。その祖、役小角《えんのおづぬ》の役割が大きかったのではないかとも思われる。

以上のように考えるならば、シラヤマヒメが、在地神の代表として、日本の神々の系譜に位置づけられないまま、それでも日本の風土の中核に堂々とそびえていることに感動しないわけにはいかない。白山という原点から日本の神々と風土の関係を眺めるとき、神々の風景はいままでとは違った相貌を示すのである。

ここで整理しておこう。『古事記』『日本書紀』で語られる多くの神々は在来ではない。在来でないので、これは外来である。日本の神々はこの二つのカテゴリーに分けることができる。

(1)在地神
(2)外来神

外来神のうち、天から降臨する（天降《あまくだ》る）のは、降臨神であり、外国から来るのは渡来神である。

すなわち、外来神は、

(3)降臨神
(4)渡来神

に区別することができる。

さらに、国内で移動するときに、征服して鎮座する場合は、征服神である。武力を用いずに別の地域から請われて鎮座する場合には、勧請神ということができるであろう。

(5)征服神
(6)勧請神

記紀には、勧請の物語は出てこないと思われるが、景行天皇が九州遠征を行ったときに建てたという櫛田宮には、スサノオとクシナダヒメが祀られている。征服時に勧請する、ということもある。また、東京の根津神社は、ヤマトタケルが東征の折、スサノオを祀ったといわれている。遠征と勧請が一体になっていたことが分かる。

記紀の神々は、基本的に在地神ではなく、降臨神、渡来神、外来神であって、在来の地域、あるいはその在地の神々を征服することによって、その地位を確立していった。したがって、記紀神話は、降臨神話、征討神話が中心であって、在地神の神話ではない。熊襲を征圧するヤマトタケルの話のように、征討物語のなかで被征討者を「土蜘蛛」と語ることによって、その物語を正当化した。土蜘蛛とは、文字通り、その土地に根ざした在来者である。土蜘蛛は、征服され、征討されることによって、その神格を奪われていった。

そのほかには、たとえば、菅原道真が天神として祀られているのはどう理解すればよいだろうか。道真は、藤原氏に対抗する勢力をもつに至ったことが理由で流罪にされる。その怒りは藤原氏に祟りを引き起こす。その祟りを鎮めるために神として祀ったのが北野天満宮である。このカテゴリーは難しいが、祟りを鎮めることによって祀った神ということで、「鎮魂神」と呼ぶことにしよう。鎮魂神は、在来でも外来でもない。とくに日本の風土には関係していない。そこで、

(7) 鎮魂神

(8) 神格化神

を区別することができる。

鎮魂神といえば、オオクニヌシも祟る神であり、鎮魂神としての性格も有している。しかし、オオクニヌシは出雲を拠点としているように思われるので、在地神とも考えられる。ただ、北陸から大和へと遠征して、その魂は、三輪山に鎮座しているわけであるから、征服神とも考えられる。その大和への移動は、武力による征服譚としては語られていない。三輪山の幸魂《さきみたま》は、平和的な征圧の象徴であったかもしれない。いずれにしても、オオモノヌシは、在来ではない。

そのほかには、豊国大明神となった豊臣秀吉、東照大権現となった徳川家康、照国大明神となった島津斉彬なども、歴史上の人物が神格化されたものであるから、「神格化神」と呼ぶことができるであろう。菅原道真は、神格化神であるとともに、鎮魂神でもある。ただし、ここでいう「神格化神」は、歴史的人物の「神格化」ということであるが、もう一つ、自然現象の神格化もある。シラヤマヒメは、白山の神格化神ということもできる。奈良の龍田《たつた》大社は風を神格化した神を祀る。知恵の神格化である「オモイカネ」は、包括的な思慮深さの神格化で、皇統神話で重要な役割を果たす。イザナギが禊ぎをしたときに生まれたオオヤマツミやワタツミは山と海の神格化であろうか。他にもマガツヒ（禍津日神）やナオビ（直毘神）のような例もある。

八百万の神々には、もう一つのカテゴリーの神々が含まれている。天地創成の神々である。唯一絶対の神が宇宙、天地を創造したのではなく、はじめは混沌とした宇宙があり、そこから神々が生まれるのである。世界を創造する神々を語るのが『古事記』『日本書紀』の特色である。こ

の神々を、

(9)創成神

と呼ぶことにしよう。

要するに、アマテラスもスサノオも日本の国土に深く根ざしたアミニズムの神々でも縄文の神々でもなく、水田文化を大陸からもたらした弥生の人々の神々である。『古事記』『日本書紀』で神話を編纂した人々は、こうした神々を日本の国土にあわせた権威と権力の系譜に位置づけたのである。

第九章

座問答――古代の大合併と合意形成の知恵

相模国の国府祭《こうのまち》と古代の中央集権化政策

令和に先立つ平成の時代、地方の成り立ちを大きく変える出来事があった。平成の大合併である。この政策によって、多くの市町村が変貌を遂げてきた。なかでも合併されたことによって生じる中小の町村での住民サービスの低下は、地域の力や人々の意識に変化をもたらした。合併は、行政コストを節約したいという国の都合が大きな理由となっている。合併をしぶる自治体には、特例債をもうけて利益があるように見せて促進しようとする。だが、その結果生じる非効率については必ずしも考慮されていない。

合併の渦中に置かれた小さな町の役場は大変である。それまでは顔なじみの職員が地域の課題に対して丁寧に対応していたのが、合併後の異動によって他の地区から着任する支所職員は、地元の事情に疎く、地域の人の顔も分からない。人員削減ゆえの人手不足もあって、役場任せになっていた課題解決に今度は地域の人びととの主体的取り組みが求められたりする。

地域に問題が発生するとき、住民どうしが話し合いによって解決できるケースもないわけではない。しかし、地域のなかで対立する利害を調整できる人材を見つけることは難しい。

合併によって生じるメリット・デメリットはいろいろあるが、地域のアイデンティティに対する危機感は、いまも昔も変わらないようである。対立する利害をもつ地域どうしは、それぞれが対抗する地域のアイデンティティの意識をもっている。古来、神社は、地域の人々の結束の基盤であった。神社には祭神があり、その祭神によって神社の性格も異なっているので、結束する人々の意識もまた違っていた。

相模国に興味深い神事が伝えられているということを、大学で教えている学生が教えてくれた。地域づくりと神々の物語についての講義を聴いて、思い出したという。その学生は、相模の六所《ろくしょ》神社で巫女のアルバイトをしたことがあるという。是非見学したほうがいいと言ってくれたのは、毎年五月五日に行われる座問答の神事である。

五月の節句が相模国にとって大切な日であるのは、この日に毎年国府祭が行われるからである。国府祭は、「こうのまち」と読む。相模国の宮が一堂に会する祭である。この祭は古代で起きた国の合併が契機になっているという。国家主導の地域の合併に臨んで、相模の国はどう対応したのか。

当日、五月の陽光は新緑に輝きを与え、風は梢に季節の喜びを与えていた。東海道線の二宮駅からバスに乗って、国府新宿《こうふしんしゅく》というところで降りた。ここに相模国の国府が置かれていたのである。座問答は、国府本郷にある神揃山《かみそりやま》で催される。

相模国の六社

国府祭には、相模国の六つの神社が参加する。その六つとは、

寒川町の寒川《さむかわ》神社
二宮町の川勾《かわわ》神社
伊勢原市の比々多《ひびた》神社
平塚市の前鳥《さきとり》神社
平塚市の平塚八幡宮
大磯町の総社六所神社

の六社である。寒川神社から前鳥神社までは、一之宮から四之宮と順序がついている。それぞれの祭神を見ると、寒川神社は、寒川比古命《さむかわひこのみこと》と寒川比女命《さむかわひめのみこと》の二柱である。二神は、『古事記』『日本書紀』に記述がないので、土地神とも思われ、相模国の独立性をうかがわせる神名である。つぎの川勾神社は、大名貴命《おおなむじのみこと》、大物忌命《おおものいみのみこと》、級長津彦命《しなつひこのみこと》、級長津姫命《しなつひめのみこと》、衣通姫命《そとほりひめのみこと》を祭神としている。オオナムジはオオナムチであり、オオクニヌシのことである。またオオモノイミは、ウカノミタマノカミと同一であるといわれるから、これも出雲系である。シナツヒコは、風の神と

いわれる。

三之宮の比々多神社は、雲を神格化した神で、トヨクムネノミコトともいわれる豊国主尊《とよくにぬしのみこと》、玉作部の祖先神ともいわれる天明玉命《あめのあかるたまのみこと》、雅日女尊《わかるひめのみこと》、日本武尊《やまとたけるのみこと》であり、とくに出雲系というわけではない。

四之宮の前鳥神社は、菟道稚郎子命《うじのわきいらつこのみこと》、大山咋命《おおやまくいのみこと》、そして日本武尊を祭神としている。ウジノワキイラツコノミコトは応神天皇の皇子で最初に大陸の学問を学んだとされている。オオヤマクイは、スサノオの子、大歳神《おおとしのかみ》の子であるとされているから、スサノオの孫にあたる。出雲系である。

平塚八幡宮は、八幡宮が通常そうであるように、神功皇后と応神天皇、さらに武内宿禰を祀っている。

最後の総社六所神社の祭神は、櫛稲田姫命《くしなだひめのみこと》、須佐之男命《すさのおのみこと》、大己貴尊《おおなむちのみこと》という出雲の神々である。

四宮の神輿は、五月五日の正午に神揃山に集合する。そこで、座問答の神事が行われるのである。

わたしがまず参拝したのは、六所神社である。鳥居を通るとき、老人が、神事には早めに行かないと席がなくなってしまいますよ、という。そこで、あわてて東方の丘陵の先にある神揃山に向かった。不動川にかかる国府橋をわたり、馬場公園へと至る。そこには、屋台がずらりと並び、すでに一帯は賑わいのなかにあった。人をかき分け、御旅所を横に見てゆくと、丘の麓に着く。

小川の脇の道ではなく、その向こうの坂を上ると、小高い山の頂に出る。そこは、あたかも小さなカルデラのような形で、外輪山がちょうど客席となる。神事は、カルデラの端にしつらえられた場所で、脇に五社の神輿が順次ならぶのである。

新緑のなかの座問答

神揃山に到着したのは、午前十一時前であるから、神事の開始まで小一時間ある。それまで敷物の上に座って時間を待つのである。長い時間のようであるが、神輿が一つずつやってきて所定の位置にすわるまで、威勢よく「わっしょい、わっしょい」のかけ声が続くので、飽きの来ない豊かな時間である。しかも五月の陽光が新緑の間から注ぐ。梢は薫風に揺れて心地よい。

正午になると、神主が祭壇に祝詞をあげて、神事がはじまる。座問答というこの神事は、国府祭でも特色あるものとなっている。

所伝によると、大化の改新のころ、国々の再編合併が行われ、新たな国の中心に国府《こう》が置かれて、国司という行政長官が赴任した。それ以前の相模国は、相武《さがむ》と磯長《しなが》という二国に分かれていた。この二つの国が合併して相模国となったという。相武の最も大きな神社が寒川神社であり、磯長の国の最も大きな神社が川勾神社であった。二つの国が一つになるときに、一宮《いちのみや》を決めなければならない。国司の巡拝は一宮《いちのみや》、二宮《にのみや》、三宮《さんのみや》という順序で行われるからである。

現代の合併でも、役所をどこに置くかで論争になり、ときには合併協議が破綻することもある。

より大きな町の役所が合併後の役所になることもあるが、境界につくったり、第三の中間の役所が新役所になったりすることもある。いずれにせよ、おらが地域を振興しようと争いが起こるのである。合意形成は容易ではない。

座問答に描かれるのは、古代国家が中央集権を強めようとする時代である。大化の改新のときであれ、あるいは、律令体制が完成しようとするときであれ、中央政府が合併を命じたのである。強硬な行政指導によって地域が当惑することは、今も昔も同じである。

相模国の一宮を寒川神社と川勾神社のどちらにするかで論争が生じ、この論争の様子を神事化して今日に伝わるのが座問答である。

神事では、まず注連縄《しめなわ》のなかの正面に五本の鉾《ほこ》が立てられる。ここに神輿で乗り込んできた五社の神が依《よ》る。祭場には虎の皮が置かれる。その後方には、同じ装束の五社の宮司が並ぶ。

朝廷からの使者が席に着くと、まず寒川神社の宮司が当神社こそ一宮であると、虎の皮を勧める。差し出された皮に座れば、一宮に選ばれるという趣向である。すると、おもむろに川勾神社の宮司が出て、いやいや当社こそが一宮であると虎の皮を一歩進めて置く。これを三度繰り返す。三度繰り返すことは、論争が相当続いていたということを示している。そうすると、ついに、第三の比々多神社の宮司が仲裁を試みて「いずれ明年まで」といって、論争の決着を先送りし、その年の神事は終わるのである。

「いずれ明年」という妙案による解決は、解決のようでいて、問題の先送りにすぎないとも考え

二社の宮司が交互に虎の皮の座を勧める

られる。何よりも面白いのは、先送りそのものが神事化され、千年以上もつづいていることである。この神事化の意味はどこにあるのかに目を向けると、いろいろ考えるべきことも出てくる。

　座問答の意味を考えるとき、二つのステージを考えるべきであろう。一つは、合併によって一宮を決めるようにとの国政の指示に地方が単純に従わなかったということ、つまり、論争の決着を無条件に受け入れることに従わなかったということ、もう一つは、それを神事としたこと、神々の意思であるとしたことである。

　中央政府の指示である合併に際して、地方が一宮の選出を先送りし、しかもそれを神事化するということは、中央集権化に対する地方の抵抗とその象徴化という二段階であるとも考えられる。

　さて、神事が始まったのは、大化の改新のときとも言われるが、それよりも後、養老年間であるという伝承もあるという。養老年間は、七一七年から七二四年である。『古事記』が完成したのが養老年間の少し前の七一二年、元明天皇の代で、平城京の時代である。『日本書紀』の完成が七二〇年、元正天皇の代、養老四年である。アマテラスを頂点とする神々の系譜が整理された時代であり、神々からの天皇の系譜も明らかにされた時代、「倭」から「日本」に名を変えて国家の体制整備を進めた時代でもあった。

第十章

神々誕生の海岸——宮崎海岸侵食対策事業

日向国《ひむかのくに》の海岸の危機

「大橋川周辺まちづくり基本計画」の策定事業は、国土交通省、島根県、松江市の共同事業であった。困難極まりない事業の推進が佳境にあったころ、国土交通省宮崎河川国道事務所から、宮崎海岸侵食対策事業で直面する合意形成を手伝ってほしいとの依頼が入った。

宮崎県は太平洋を望む長大な海岸線を有している。太平洋から太陽が昇る海岸である。文字通り、太陽に向かう地、「日向《ひむか》」である。その砂浜海岸が危機に瀕している。大規模な侵食のため浜が削られ、背後の砂丘地も危ないというのである。砂丘には、昔から防潮林・防砂林の松が植えられ、「松一本、命ひとつ」といわれるくらい、大切に守られてきた。なにしろ波から土地を守ってくれる松である。その松を守ったのは人間であるが、いま、守れなくなってきたのである。

松林には、イザナギとイザナミを祀る江田《えだ》神社があって、近くに御池《みいけ》がある。御池には、黄泉の国から地上に戻ったイザナギが禊ぎをしたという伝説が残っている。国のプロジェクトは、御池を囲む松林の東側、南北に延びる宮崎海岸の砂浜の侵食を食い止め、さらに、浜幅五十メートルの砂浜を回復するという大事業である。

宮崎海岸は太平洋を東に見て、南から北に長く延びる海岸がつづく。ここは日向神話の世界である。南には、ニニギの子、ヤマサチが龍宮から帰還した地、青島の青島神社が鎮座している。青島神社は、ヤマサチとその妻となる龍宮の姫君、トヨタマヒメが祭神である。さらに南の日南市に行くと、トヨタマヒメがウガヤフキアエズを生んだ鵜戸《うど》神宮がある。もっと南下すれば、油《あぶら》津《つ》の港となる。ウガヤフキアエズの子、カムヤマトイワレビコ（神武天皇）による東征の出発地である。

青島に話を戻すと、北にのびる砂浜は、大淀川河口から一ツ瀬川河口を経て、耳川《みみかわ》の河口に位置する美々津《みみつ》に至る。このうち宮崎海岸というのは、大淀川河口から一ツ瀬川河口に至る海岸である。かつては砂浜が広がって、地域の人々には、遠足や運動会、地引き網など、生活の一部になっていた。

日本中、どこの海岸もそうなのだが、砂浜の喪失が危機的な状況にある。国や県は、侵食を防ぐためにいろいろな工法で護岸に努めていて、残念なことだが、コンクリート護岸や離岸堤、T字型のヘッドランド堤防など人工的で殺風景な景観をつくりだしている。

砂浜の侵食の原因であるが、直接的には、もちろん海から寄せる波である。ただ、波は大昔から寄せていたのであり、波があるから侵食が起きたというわけではない。なぜなら、砂はいつも動いていて、波によって沖にとられても、つぎつぎに補給されるからである。補給されるのは、川から海に流れ出る砂で、宮崎海岸でいえば、北から南へ向かう沿岸流によって運ばれるのである。

川から海への砂の流れを止めたのはダムである。一般にダムは、洪水に備えて空きスペースをもつ一方、農業用水として一定の水量を備蓄していなければならない。ところが宮崎海岸に砂を供給する一ツ瀬川の一ツ瀬ダムは発電用であり、貯留スペースも備蓄スペースも不要で、水を落として発電に使えればいいのである。実際、このダムに行ってみると、膨大な量の土砂を蓄積している。水を貯めるダムというよりも、結局土砂の供給を遮断しているダムなのである。

その他、海岸の構造物、たとえば長大な突堤や、港湾の施設、宮崎の場合には延伸された宮崎空港の滑走路によって海岸流に変化をもたらしたことも侵食の原因とも考えられている。

当時、宮崎県が巨大なヘッドランドというT字型突堤を七基建設する計画を出したところ、自然保護団体やサーファーなどから厳しい批判が上がった。国土交通省は、県から事業を引き取り、国の直轄事業として侵食対策事業を推進することにした。厳しい対立が想定されたので、わたしが社会的合意形成のアドバイザーとして招かれたのである。

大橋川の合意形成と宮崎海岸の合意形成はどちらも難題であったので、両方の問題に同じように関与することはとても無理に思われた。そこで、宮崎のプロジェクトは、プロジェクト・アドバイザーという立場であれば参加できると伝えたところ、それでいいということになった。

こうして、出雲での仕事が日向の仕事に重なったのである。それは、ちょうど黄泉から出雲に出たイザナギが一足飛びに日向に向かうこととオーバーラップしていた。こうしてわたしは、出雲と日向の地に通うことになった。高千穂から出雲、そして日向へ。「神がかっている」と我ながら思わずにはいられない神々との遭遇であった。

宮崎海岸侵食対策で砂浜に埋めこまれるサンドパックを背景に筆者

宮崎海岸侵食対策事業では、通常は都道府県が管理する海岸を国の直轄事業とするということで、そのために、九州ではじめて「海岸課」が宮崎河川国道事務所に設置された。海岸課の取り組む二十年計画の大プロジェクトである。

つぎつぎに生まれ出る神々

火の神を生んで女陰を焼き死んでしまったイザナミを追って黄泉の国に行き、その恐ろしい姿を見て黄泉比良《よもつひら》坂《さか》から逃げ帰ったイザナギは、出雲から一気に日向に向かい、そこで禊ぎをする。『古事記』には、つぎのようにある。

ここをもちて伊邪那伎大神詔《の》りたまひしく、「吾《あ》はいなしこめしこめき穢き國に到りてありけり。故《かれ》、吾は御身の禊爲《せ》む。」とのりたまひて、竺紫《つくし》の日向の橘の小門《おど》の阿波岐《あわき》原に到りまして、禊ぎ祓ひたまひき。

イザナギが禊ぎを行ったところを特定できる記述は『古事記』にはないのだが、宮崎海岸侵食対策事業の地に伝説が残されていた。

宮崎海岸は、南北に長大な砂浜を擁する海岸である。その背後には、大きく長い砂丘がやはり南北に延びている。砂丘には松林が展開し、防潮林、防風林の役目を果たしている。

地域の伝承では、イザナギは御池で禊ぎをした。すると、つぎつぎに神々が生まれてくる。イザナギが身につけているものを投げ捨てると、その穢れた衣類や装身具から神々が生まれる。杖、帯、袋、衣、褌、冠、左右の腕輪などから十二柱の神が誕生する。

つぎにイザナギは、

上の瀬は流れが速い。下の瀬は流れが弱い。

といって、はじめ中頃の瀬に立って、身を洗う。八十《やそ》禍津《まがつ》日神《ひのかみ》、大禍津《おおまがつ》日神《ひのかみ》が生まれる。この二神は、イザナギが黄泉の穢れた国に行ったときの汚垢によって生まれたのだという。

流れのあるところで禊ぎをしているというのだから池ではないようだ。だが、伝説が生まれる場所については、そのあたりの食い違いは許容しよう。日本列島のリアルな土地と神話ファンタジーの結合である。リアルとファンタジーが交差する空間、それが神話に彩られた日本の国土なのである。いろいろな矛盾や不整合があることは、神話であるからよしとすべきである。

つぎに神直毘神《かむなおびのかみ》、大直毘神《おおなおびのかみ》が禍を直す神として生まれる。そのあとの伊豆能賣神《いづのめのかみ》という名の神に続いて、いよいよ日本神話にとって重要な役割を果たす神々が生まれてくる。

興味深いのは、身につけたものや身体そのものからさまざまな神々が、そして、穢れと清めの神々が生まれることである。禍々しい神々と清めの力をもつ直毘《なおび》の神々の行き交う空間、それが日本という神話ファンタジーの世界なのである。


次に水の底に滌《すす》ぐ時に、成れる神の名は、底津《そこつ》綿津《わたつ》見神《みのかみ》。次に底筒之《そこつつの》男命《おのみこと》。中に滌ぐ時に、成れる神の名は、中津《なかつ》綿津《わたつ》見神《みのかみ》。次に中筒之《なかつつの》男命《おのみこと》。水の上に滌ぐ時に、上津《うわつ》綿津《わたつ》見神《みのかみ》。次に上《うわ》筒之《つつの》男命《おのみこと》。

穢れと清めの神々のあと生まれてくるのがどうして海神なのか。「水の底に滌ぐ」とあるから、海神もまた清めの神々の系譜に繋がるかのように記述されている。海水も水である。しかも、その海は航海と漁撈という、人間にとって恵みの源泉でもある。

住吉《すみよし》の神は「底筒之男」「中筒之男」「上筒之男」といわれる三神である。「ツツ」を星とみる見解もあるようだが、わたしは、これを「底つ津の尾」と解したい。「津」とは、九州では瘡蓋《かさぶた》のことを「津」というと聞いた。かさぶたのように、津は盛り上がった土地である。その盛り上がった土地が海に突き出す「尾」にできるのが港に適した地形である。浜とは対照的に船舶の停泊に適している。そこを守るのが住吉の神であった。

注目すべきことは、外洋航海と沿岸航海・港湾管理の神が別だということである。裂田溝《さくたのうなで》のエピソードで触れたように、神功皇后の新羅遠征伝説で、神託を下したのは、アマテラスと住吉の神であったが、玄界灘を渡るには、安曇《あずみ》氏の祖、安曇磯良《あずみのいそら》を先導役に依頼しなければならなかった。日本海を渡って大陸に向かうためには、遠洋航路の技術をもつ安曇氏に頼らなければならなかったのである。安曇氏の神は、ワタツミであった。

海神《わたつみ》と住吉の神が生まれたあと、いよいよ神々誕生のクライマックスで誰もが知る三神が生まれる。左目を洗ったときに生まれたのがアマテラス、右目を洗ったときに生まれたのがツクヨミ、最後に鼻を洗ったときに生まれたのがスサノオである。

スサノオはやがて高天原でアマテラスと争い、追放されて出雲に降臨し、出雲建国の祖となる。左右の目と鼻から生まれた三姉弟のなかで、スサノオはその乱暴のゆえに追放されるのである。スサノオが追放されて降臨したのは、黄泉の国に近い出雲であった。穢れの清めから神々が生まれる日向に対し、死に近い世界、黄泉比良坂のある出雲に舞台を移すことになるのは、出雲のステイタスを下位に置こうとする神話編纂者たちの深い意図によるものに違いない。スサノオは出雲の須佐の地で没し、その魂は、日御碕で遠く西の海に向いている。陽の出る日向とは逆の方向である。

スサノオが高天原から追放されるきっかけとなったのは、アマテラスとの誓約であったが、姉の勾玉から生まれた子がアメノオシホミミで、その子、つまりアマテラスの孫（天孫）がニニギであった。ニニギはアマテラスの命で神々の国、高天原から地上に降り立った。高千穂の天孫降臨神話も、日向の龍宮伝説も、つながりを持った九州の神話である。ここに出雲神話との鮮やかなコントラストを見ることができる。

高千穂神話から日向神話へ

宮崎県の進める神代川再生事業、高千穂町と合同で行っている神代川かわまちづくり事業、そして、国土交通省の宮崎海岸侵食対策事業に携わりながら、高千穂から日向に至る神話世界について考えるうちに腑に落ちたのは、この神話群が天皇家に至る皇統神話のなかで占める重要な位置と意味である。これを述べるために、宮崎の神話の系譜を簡単にたどってみよう。

アマテラスとスサノオの対立によって高天原から追放されたスサノオは、出雲の鳥髪峰に降り立ちヤマタノオロチを退治して、出雲を建国する。その子、あるいは、六世の孫、あるいは七世豊葦原瑞穂国《とよあしはらのみずほのくに》をみずからの幸魂《さきみたま》・奇魂《くしみたま》のもとで平定し、君臨する。天下を経営するオオクニヌシに国を譲らせるのがアマテラスである。

アマテラスとスサノオの喧嘩の際、スサノオがアマテラスの勾玉を口に含み吹いた霧から生まれた五柱の神のうち、自分の子としたオシホミミに地上の支配を命じるが、オシホミミは、自分の子であるニニギ、すなわちアマテラスの孫を天孫として地上に降臨させる。その降臨にアメノウズメやオモイカネなどが従う。天つ神々を地上に迎えるのは国つ神のサルタヒコであり、ウズメとサルタヒコは急ぎ結婚する。他方、ニニギは、山の神であるオオヤマツミの娘、コノハナサクヤヒメとイワナガヒメを差し出されるが、コノハナサクヤヒメだけを選ぶ。二人が出会った地ということで、宮崎県西都市には逢初川《あいそめがわ》がある。この川の源流は、西都原《さいとばる》古墳群のある丘の麓で、オオヤマツミのものとされる巨大古墳が残る。

さて、コノハナサクヤヒメはすぐ妊娠する。ニニギは自分の子であるかどうか怪しんだが、コノハナサクヤヒメは、身の潔白を示すために産屋に火をつけて出産する。

第一子はホデリで海幸彦、第二子はホスセリ、第三子はホオリで山幸彦である。

長兄は海辺で暮らしたので海幸彦といわれ、弟は山の人であったので、山幸彦と言われる。ヤマサチは山の仕事、ウミサチは海で生活をしていたのだが、あるとき、ヤマサチは海で釣りをしたいと思い、兄のウミサチに釣り針を借りる。ところが、その釣り針を魚に取られてしまう。ウミサチは、釣り針はほかに代えがたいものであるから、返すように要求する。困ったヤマサチのところへやってきたのは塩椎《しおつち》の神で、ヤマサチを海の底にある龍宮に連れて行く。龍宮の門のところでヤマサチを見かけた龍宮の姫君、トヨタマヒメはヤマサチに一目惚れし、二人は三年の間、ともに暮らすが、ヤマサチは、ふと地上を思い出し、トヨタマの父ワタツミに事情を伝える。魚たちに針のことを問うと、鯛の喉にひっかかった針が見つかって、その針とともに二つの玉、潮《しお》満珠《みつたま》と潮涸珠《しおひるたま》をもたせて地上に帰す。ヤマサチが海から上がったのが、いまの宮崎県の青島で、そこにはヤマサチとトヨタマを祀る青島神社が鎮座する。トヨタマも追いつき、結婚する。トヨタマは妊娠し、鵜の羽を葺《ふ》いた産屋で出産しようとする。鵜の羽を葺くというのは、鵜が鮎をすぐ吐き出すようすが安産のシンボルだからである。トヨタマはそのとき、ヤマサチに「見てはだめ」という。そう言われたヤマサチは、出産の様子を見たくなり、産屋をのぞくと、そこには龍が、一説にはワニが産気づいてのたうち回っていた。ワニとはフカのことともいわれる。トヨタマは見られたことで出産した子どもを残して龍宮に帰ってしまう。生まれた子どもは、鵜の羽の産屋が葺き終わらないうちに生まれたので、ウガヤフキアエズという。この神話を伝承としてもつのが、青島から南にゆくと断崖のなかに現れる鵜戸神宮である。

トヨタマヒメに代わってウガヤフキアエズを乳母として育てたのは、トヨタマヒメの妹、タマヨリヒメである。成長したウガヤフキアエズは、乳母であったタマヨリと結婚する。二人の子どものなかに、カムヤマトイワレビコ、後の第一代神武天皇がいる。神武天皇の伝説は宮崎県の各地に残る。たとえば、大淀川中流域にある都城市都島《みやこじま》にある城山公園は、神武天皇が幼い頃遊んだところといわれている。

神武天皇が成長して、いわゆる神武東征に出発するのは、油津の港である。妻であった吾平津《あひらつ》媛《ひめ》を残して船出したという伝説が残っている。長い年月を費やして、やがて大和に入るのであるが、本州に上陸するのは西からは難しかったということで、熊野から北上して大和を征圧する、という遠征譚になっている。

神々の系譜から天皇の皇統へ

神武天皇に至る神々の系譜をおさらいすると、アマテラスからオシホミミ、ニニギ、山幸彦、ウガヤフキアエズとわずか五代で天皇が生まれている。にわかに信じらないような神話世界の世代継承であるが、これが高千穂・日向神話の全貌である。

ではいったいこの神話は何を意味しているのだろうか。そこには、出雲の神々のような国土創生や天下経営といったエピソードは描かれていない。ニニギの降臨・遠征譚とか、ヤマサチが龍宮からもらった二つの珠の物語が興味深い程度である。

水田耕作の点で興味深いのは、ヤマサチもウミサチも田んぼを耕作しているということで、ヤマサチは山の田んぼを、ウミサチは海辺の田んぼを耕している。無理難題を押しつけるウミサチに対して、ヤマサチは、潮の干満をコントロールできる珠を使って、最後には兄を従属させるのである。この神話の意味は、大陸由来の水田耕作技術をもった人々が、南方から海岸経由で稲作をもってきた在来の人々を従属させることの象徴だという解釈がある。あるいは、大和の人々が九州在住の隼人《はやと》を征圧することの前例としての伝説であるとも考えられる。いずれにせよ、ヤマサチは、海の神を味方にして、その娘と婚姻し、天皇の血筋を築いていく。

ヤマサチの物語には、天皇の系譜をめぐる重要な伏線がひそんでいる。ヤマサチは、父ニニギと山の神、オオヤマツミの娘、コノハナサクヤヒメを母にもつ。神武天皇は、海の神、ワタツミの娘、タマヨリヒメを母とし、トヨタマヒメを祖母としている。その曾祖母は、山の神、オオヤマツミの娘、コノハナサクヤヒメであった。神武天皇の皇統には、アマテラスからの男子の系譜に、山と海の神の血統が合流している。男子の系譜に加わる妃の父を外祖父、あるいは外戚という。神武天皇の誕生には、山と海の外戚の存在があった。そこには、山を支配し、海を支配する知恵・技術の継承も暗に示されている。特に注目されるのは、ワタツミは、トヨタマヒメとタマヨリヒメという二人の娘をヤマサチとその子、ウガヤフキアエズに嫁がせていて、二代の神の外祖父になっているということである。

高千穂・日向神話の神々にゆかりの地域でいくつかの公共事業に関わりながら、各地の神社を訪ねていくうちに、いま述べたような天皇の系譜、いわゆる皇統の構造が見えてきた。それだけではない。その神話の地には、さきに述べた逢初川に代表されるような男女神の出会い、妊娠・出産の物語がつながっている。

物語の連続性と空間的なつながりに気づいたこともあって、親しくなった宮崎県都市計画課の課長とこの認識を確認するツアーを行ったことがあった。その成果として、わたしは、この神話世界を旅する観光コースを提案した。神々の世界を旅する「妊活・安産ツアー」というタイトルで、出雲大社神門通り整備に「出会いの道、そして祈りの道」というキーワードを提供したわたしとしては、縁結びの出雲大社で結ばれたカップルにぜひ高千穂から鵜戸までの宮崎ツアーにきてもらい、神々の妊娠・安産にあやかって、日本の人口問題の解決へのヒントを提供したいという思いであった。

提案のついでに、実現した暁には、ぜひわたしにガイドを、と付け加えたが、残念ながら、まだこの案は実現していない。

第Ⅲ部

神話から歴史への旅

第十一章

飛鳥にて――『古事記』『日本書紀』編纂スタートの地

大和川流域

各地をめぐりながら、日本の風土に根づいた神々の風景に接してくると、いろいろな疑問が浮かんでくる。当然のことだが、風景のなかの神々だけでなく、文字に書かれた神々のことも気にかかる。そこで『古事記』『日本書紀』が編纂された現場を訪れてみれば、何か得ることがあるのではないかと思われた。

『日本書紀』「天武紀」によると、壬申の乱に勝利して六七三（天武天皇二）年に即位した天皇は歴史書編纂を命じている。即位の八年後の六八一（天武天皇十）年二月二十五日、皇子、諸王、諸侯を集めてのことで、場所は飛鳥浄御原宮《あすかきよみはらのみや》大極殿であった。

ということで、ある晴れた冬の日、飛鳥を訪れることにした。以前も何度か観光で飛鳥には来たことがあるのだが、そのときにはただ古代の歴史のあとを眺めるだけであった。今回は、飛鳥の風景に身を置いて、書かれた神話・歴史の関係を読み解く旅である。

まず地図を確認する。飛鳥は、奈良盆地の南、飛鳥川の上流に位置している。飛鳥川は、大和川の支川である。

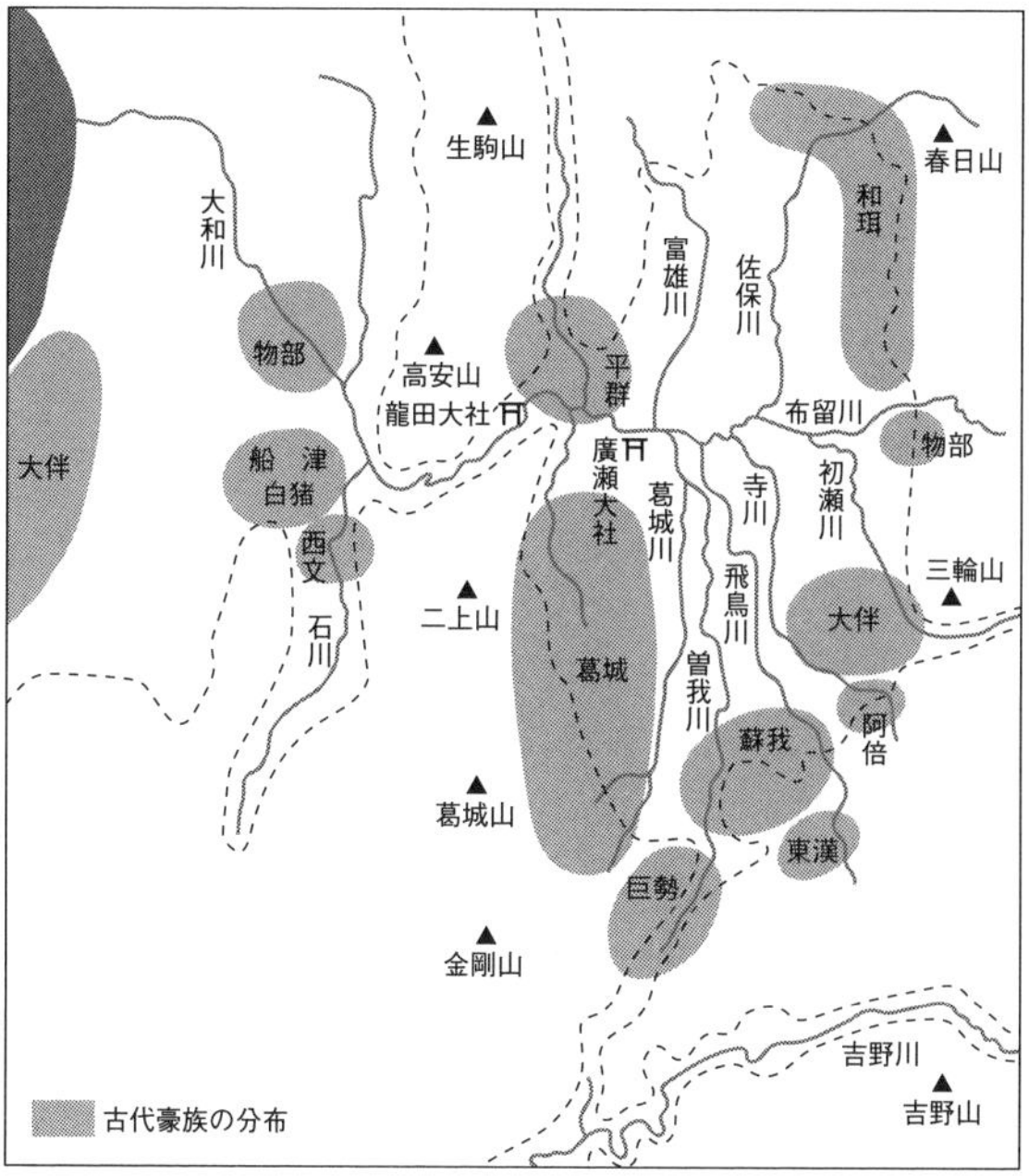

大和川流域図

大和川は、奈良県桜井市の貝《かい》ヶ《が》平山《ひらやま》あたりを源流とし、上流は初瀬川といわれる。オオモノヌシが鎮座する三輪山の麓から奈良盆地を西に流れ、盆地を流れるほとんどの河川を合わせて、生駒山系と葛城山系の間の亀の瀬という狭窄部を抜けたあと大阪平野に出る。亀の瀬は地滑り地帯で知られており、いまでも国土交通省は、その対策に力を入れている。大和川は柏原市で石川と合流すると、かつては、そこから北上して大阪城のある上町台地の北まで流れて海に注いでいた。しかし、何度もの流路の付け替えによって、いまでは西に流れて、大阪市と堺市の間で大阪湾に注ぐ。

大和川は、古代の人々にとっては、洪水の管理をするための最重要な河川であったが、他方、雨が降らなければすぐに渇水になることから、農業用のため池を雨水の一次貯留に利用するシステムを構築していた。流域治水の先駆地である。加えて、奈良盆地は排水の問題を抱えていたため、水質の悪さも課題であった。

さて、話を古代に戻すと、大阪湾から飛鳥に向かう人々は、大和川を上り、亀の瀬から奈良盆地に入る。竜田川の合流する手前、右岸の上には龍田大社、少し上って左岸の曽我川と飛鳥川近くには廣瀬大社が鎮座している。「廣瀬」は、大和盆地を流れる多くの川が合流する地点である。『日本書紀』「天武紀」を読むと、前半は壬申の乱の勃発から収束までの経緯が記載されているが、天武天皇の飛鳥浄御原宮での即位の後の記事は、朝廷の人事や外交の記事のほかに、自然災害の記録の多さに驚く。なかでも地震の記事は数多く、干ばつや大雨の記事もあって、天変地異の連続だったことが記録されている。

天武天皇の即位から十一年経った六八四（天武天皇十三）年には、四月と七月には龍田・廣瀬で祭祀を行っているが、その年の十月には、大きな災害が起きている。

十月十四日午後十時頃、大地震が起きた。国中の男も女も叫び合い逃げ惑った。山は崩れ、川は溢れた。諸国の官舎や人々の家屋、畜舎、寺社も倒壊したもの、数知れず。人畜の被害は甚大であった。伊予の道後温泉も埋もれて湯が出なくなった。土佐国では、広大な田畑が海に沈んだ。古老は、「このような地震はかつてなかったことだ」と語った。この夕、鼓のような音が東方で聞こえた。「伊豆島の西と北の二面がひとりでに三百丈（九百メートルほど）広がり、もう一つの島になった。神がこの島をお造りになる響きだったのだ」という人がいた。

全国規模の大地震だったようである。伊豆諸島の島の報告もあるから、太平洋のプレート境界が動いた巨大地震か。その二週間あまり後の十一月三日、土佐国司から報告があった。高波が押し寄せ、海水が沸き返り、調税を運ぶ船がたくさん流失したという。四国の津波は、南海トラフが連動したものとも思われる。日本海溝と南海トラフのいわゆる連動型巨大地震であろうか。また天体の異変も報告されている。

災害への対応が大変であったせいか、龍田・廣瀬での祭祀の記録は、翌年四月にみられる。自然災害への対応のため神祇に祈ることは、天皇がなによりもなすべきことであった。ただ、天武天皇は、全国の神々に祈らせたことはあるが、天皇自身が執り行ったのは龍田大社と廣瀬大社での祭祀が中心であった。龍田大社の祭神は風の神で、天御柱大神《あめのみはしらのおおかみ》と国御柱大神《くにのみはしらのおおかみ》という創成神であるが、もともとは、龍田の地を守っていたと言われる神、龍田比古命《たつたひこのみこと》・龍田比売命《たつたひめのみこと》という在地神であった。また、廣瀬大社の祭神は、水の神であり、若宇加能売命《わかうかのめのみこと》が主祭神で、櫛玉《くしたまの》命《みこと》と穂雷命《ほのいかづちのみこと》も祀られている。

龍田、廣瀬という土地の重要性を考慮すれば、その土地に固有の神々ではあっても、風と水の神であれば、その普遍性も併せ持つと考えられるから、天武天皇がこの両社で祭祀を行った理由は十分に理解できる。

ただ、不思議なのは、これほど重要な神社である龍田大社・廣瀬大社の祭神が神話の物語のなかでは登場の機会がないことである。

天武天皇が歴史書の編纂を命じたのは、その在位中であったが、天武天皇自身は、日本の神々の系譜には関心を払っていなかったということか。わずかにアマテラスと出雲の神に関係するのは、壬申の乱の折、東征する途中で伊勢のアマテラスに祈ったということと、勝利を収めたあと、東征をサポートしたのがオオクニヌシの子、コトシロヌシであり、その功績に報いたということ、そして、もう一つ、天武天皇の病の原因が草薙剣の祟りであったということの三つだけである。

これから向かう飛鳥は、中大兄皇子と藤原氏の祖、鎌足が蘇我氏を倒してクーデターを成し遂げた飛鳥板蓋宮《あすかいたぶきのみや》の現場であり、後に天武天皇が壬申の乱を勝ち抜いて即位した飛鳥浄御原宮の地でもあった。その大極殿で日本の史書編纂の詔が発せられた。

飛鳥こそ、古代の神話と歴史の流れが合流してゆく注目すべき舞台である。ここで出雲神話の空間軸と高千穂・日向神話の時間軸とが交わることになる。

曽我川

飛鳥川の前に、少し「ソガガワ」ついて考えてみよう。「ソガガワ」という名前で思い出すのは、出雲の「ソガガワ」である。

大橋川と出雲大社神門通りのプロジェクトにかかわった際に、いつも気にかかっていたのが出雲のソガガワであった。

斐伊川《ひい》は、江戸時代初期までは、北に流れていた。出雲大社のある山、出雲山を含む山なみは出雲平野の北に立ち上がっている。斐伊川は、昔は北に流れ、その山の麓にぶつかって左に、つまり西に流れて日本海に出た。この地域は、古代は大湿地帯であった。『出雲風土記』の国引き神話によれば、この山は、新羅から引いてこられた島だったのである。その島に斐伊川が大量の砂を運んできた。それで、大きな砂丘が形成され、地続きになった。

砂丘の間を流れるのが堀川で、神門通りと交差する地点に、出雲大社の四つの鳥居の最初の大鳥居、宇迦橋《うがばし》がかかっている。大鳥居をくぐって神門通りを進むと上り坂になり、第二の鳥居のある地点、ここが砂丘の頂点にあたるが、勢溜《せいだまり》である。第二の鳥居をくぐると大社の境内地で、珍しい下り参道になっている。壮麗な松並木を見ながら下ってゆくと小川を渡る。その名を「素《そ》鵞川《ががわ》」という。「ソガ」という名は、出雲大社本殿背後の小さな社の名にもなっている。素鵞社《そがのやしろ》である。

出雲大社本殿裏の素鵞社。森厳とした雰囲気が漂う

素鵞社は、大社本殿に比べるとずっと小さいが、その偉容から出雲の地のパワーを実感できる。社殿の背後は、八雲山が平地から立ち上がる地点である。そこに巨岩があって、素鵞社の基礎となっている。磐座《いわくら》は、地面から生え上がるように露出している。この社は、大地に根を張る岩を背負って鎮座しているのである。祭神は、スサノオである。

大社境内の川と磐座が残るソガの名は何を物語るのだろうか。出雲大社の本殿は、「ソガ」という名の川と背後のスサノオの社に挟まれている。これは何を意味しているのだろうか。

オオクニヌシが国づくりを完成しようとしているとき、参謀のスクナヒコナを失って嘆いていたときに現れたのがオオクニヌシの幸魂《さきみたま》、オオモノヌシであった。オオクニヌシは、オオモノヌシを大和の三輪山に祀って国づくりを完成した。三輪山は、奈良盆地の南東部に美しい姿を誇る神《かん》奈備《なび》山である。この山は、日本古代の神話と歴史をつなぐ象徴でもあった。その麓を流れるのが大和川である。その大和川に注ぐ重要な支川に「ソガガワ」がある。曽我川である。

曽我川の流域に、奈良県橿原市曽我町の地名がある。昔、蘇我氏の拠点で、祖先を祀るのが宗《そ》我坐宗我都比古《がのそがつひこ》神社《じんじゃ》である。祭神は、宗我都比古大神《そがつひこのおおかみ》と宗我都比売大神《そがつひめのおおかみ》である。推古天皇の時代（六世紀末から七世紀前葉）に、ここを拠点とする蘇我馬子が蘇我氏の氏祖である蘇我石川宿禰《いしかわのすくね》夫妻を祀ったことを起源とするという。在地の神である。

宗我坐宗我都比古神社からそれほど離れない地点にあるのが入鹿神社である。六四五年の大化の改新の契機となった乙巳《いっし》の変で蘇我入鹿《そがのいるか》が殺されたとき、その首が飛んでいったところに鎮座するという。蘇我入鹿の木像がご神体となっている。明治時代には、朝廷の逆臣である蘇我入鹿を神として祀るのはけしからんということで、祭神をスサノオに、社名を地名の小綱《しょうこ》神社にするように政府から言われたという。入鹿ではなく、アマテラスに逆らったスサノオを祭神にするように政府が言ったというのである。が、地元の人たちは拒んだという。明治政府のなかに蘇我とスサノオの連想が存在したということであろうか。現在では、祭神は、蘇我入鹿とスサノオになっていて、蘇我氏とスサノオの深い関係を暗示している。

曽我の地は、古代蘇我氏の拠点地域で、その勢力範囲は、文字通り曽我川と飛鳥川流域にひろがっていた。蘇我氏が天皇の外戚となってその権力を支配したのは、この二つの川の流域、とくに飛鳥川流域であった。

廣瀬大社は、大和川と曽我川の合流点に鎮座しているが、そのすぐ上流には飛鳥川が合流する。

二つの川は、少し遡上すると、歩調を合わせるように、ほぼ平行して南に向かう。地図でみると、ほどよく整備された道路のようである。実際、古代の飛鳥川は、飛鳥京、のちに藤原京への幹線路であり、この幹線路は難波まで通じていた。その流路を観察すると、古代の河川改修によって、物と人の流れをコントロールするもっとも重要なインフラであったことが分かる。

廣瀬大社の合流点から曽我川と飛鳥川を遡ると、やがて、大和三山の一つ、畝傍山《うねびやま》の麓に至る。曽我川は西麓を、飛鳥川は、東麓を流れる。二つの川の流域に挟まれて鎮座するのが橿原神宮《かしはらじんぐう》である。その森に連続して、神武天皇陵がある。神武天皇がはるか日向国油津《ひゅうがのくにあぶらつ》の港から出発して、長い遠征の終点として宮を置いたのがこの橿原の地であった。その橿原の森の背後の畝傍山を東西から抱くように流れるのが曽我川と飛鳥川で、この両方の流域を支配したのが蘇我氏であった。

神々と風土をめぐる旅の終着点は、神話と歴史が編纂された飛鳥京とその北に広がる藤原京、そして平城京である。

飛鳥豊浦宮《あすかとゆらのみや》

飛鳥への道は、橿原神宮前駅から伸びる古道から始まる。駅からまっすぐに東に向かうとまもなく孝元天皇陵とその周濠が現れる。その先の住宅街を抜けると、ため池のわきを通る。甘樫《あまかし》丘《のおか》の北西麓に位置する和田池である。その堤の上の道からは、驚いたことに、美しい三輪山の姿が小さく見える。飛鳥と三輪山の深い関係に感銘を受けながら、堤を降りきったところから風情のある集落をゆくと、小さな社、甘樫坐神社《あまかしにいますじんじゃ》に至る。推古天皇を祀るという。神社に隣接しているのは、向原寺《こうげんじ》である。その門前に、この地は推古天皇の豊浦宮があった場所とある。

向原寺は、浄土真宗本願寺派であるが、庫裏の改修にともなう発掘調査で驚くべき発見があった。発掘された遺構の一部を見学することができる。

仏教が伝来したのは、欽明天皇の治世であったとされる。『日本書紀』は五五二（欽明天皇十三）年に百済の聖明王から仏像、経論、幡蓋が伝わったと記している。ただし、五三八（宣化天皇三）年という記録もある。

仏教導入に積極的であったのが蘇我氏である。この地は、もと蘇我稲目《いなめ》の邸宅であったという。仏教を伝えたときに疫病があり、伝えられた仏像を捨てた池が寺のすぐ脇の難波池であるという。邸宅は、やがて蘇我馬子の時代に推古天皇の豊浦宮となり、その後、推古天皇の宮殿は、近隣の小墾田《おはりだ》の地に移された。小墾田宮は、豊浦宮の地からほど近い、いまは田んぼのなかに小さな塚のあるところか、あるいは、飛鳥川を渡って少し行ったところにある雷丘《いかづちのおか》の周辺ではなかったかといわれている。雷丘には、手すりがあって上ってみたが、頂上は雑木が茂って展望がきかない。木立がなければ、東の方角に藤原宮から三輪山も美しく見えるにちがいない。

麓に柿本人麻呂の歌碑がある。

大君は神にしませば天雲の雷の上に廬《いほ》りせるかも

人麻呂が「天皇、雷丘に御遊《いでま》しし時」に詠んだとされる。現地の案内板には、天皇は天武天皇という説が記されている。雷丘は飛鳥の神奈備山、神の降臨する聖なる丘という説もある。加えて、人麻呂は、持統天皇に仕えた宮廷歌人である。とすると、むしろ持統天皇を讃えた歌とも感じられる。

豊浦は、東西から丘が迫っていて、小さな盆地状の地域から飛鳥川が流れ出すところに当たる。難波から登ってきた人々が飛鳥へと到着するときの、いわば玄関口である。ここに古代政治を支配した蘇我氏の屋敷があった。

甘樫丘に立つ

豊浦宮から飛鳥川に出て、左岸を歩いていくとまもなく甘樫丘の登り口に至る。五分も上ると、丘の北端にある展望台に出る。そこからは、大和平野南部の大展望である。

西方には、南から金剛山、葛城山。その連なりから二上山《にじょうさん》の特徴ある姿が見える。ああ、あれが天武天皇と大田皇女《おおたのひめみこ》の子、大津皇子《おおつのみこ》が天武天皇の皇后、鸕野讃良皇女《うののさららのひめみこ》に滅ぼされて葬られた悲劇の山か、この丘から見えるのかという感慨が湧く。

二上山のはるか手前には、神武天皇の陵を麓に擁する畝傍山が見える。北に目を向けると、飛鳥川の右岸に広がる水田地帯があって、その先に大和三山の耳成山《みみなしやま》、さらに東にあるのは、香具《かぐ》

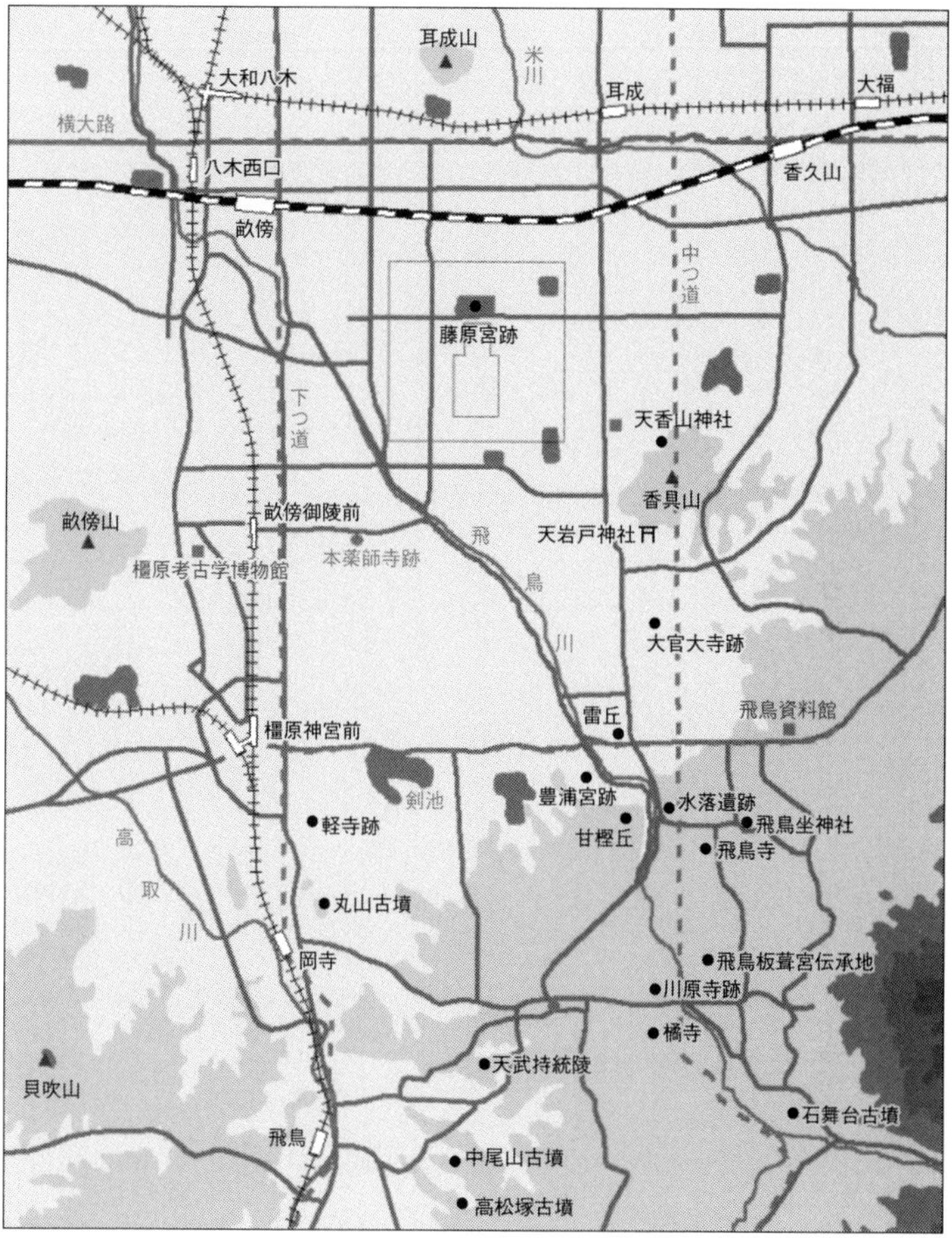
耳成山
米川
大和八木
耳成
大福
横大路
八木西口
香久山
畝傍
中つ道
藤原宮跡
下つ道
天香山神社
香具山
畝傍山
畝傍御陵前
天岩戸神社
飛
本薬師寺跡
橿原考古学博物館
鳥
大官大寺跡
川
飛鳥資料館
雷丘
橿原神宮前
豊浦宮跡
水落遺跡
剣池
甘樫丘
飛鳥坐神社
軽寺跡
飛鳥寺
高
取
丸山古墳
川
飛鳥板葺宮伝承地
岡寺
川原寺跡
橘寺
天武持統陵
貝吹山
石舞台古墳
飛鳥
中尾山古墳
高松塚古墳

飛鳥地域図

山《やま》の姿である。その手前は、いまは水田地帯となっているが、持統天皇が飛鳥京から遷都した藤原京の地である。飛鳥京に比べて藤原京は、はるかに広大であるが、二日あれば、その両方の主立ったところは、徒歩で回ることができる。というより、徒歩でないと、この地域の空間の履歴をしっかりたどることは難しい。

飛鳥の地が狭い盆地地形のなかにあったのに対し、藤原京は、開けた大和平野の北部に位置している。その向こうには、やはり三輪山の姿も小さく見える。オオモノヌシを祀る三輪山は、飛鳥の地からも藤原京の地からも望むことができるのだ。この風景から、三輪山とオオモノヌシが大和の人々にとっていかに重要な神であるかということを確認することができた。三輪山の神、オオモノヌシの幸魂は、古代飛鳥京と藤原京の激動の歴史を見守り続けていたことになる。

甘樫丘からの展望は東にも開けていて、飛鳥京の全体を見渡すことができる。丘の足下の飛鳥川は見えないが、その先で目に止まるのは、寺院の屋根である。蘇我馬子が創建した法興寺《ほうこうじ》または元興寺《がんごうじ》、そして、飛鳥寺といわれた寺院である。いまは飛鳥大仏の鎮座する本堂だけになってしまっているが、もとは大伽藍であった。

飛鳥寺では、日本の文化と風景に計り知れない影響を与えた二人の僧、行基《ぎょうき》と役小角《えんのおづぬ》が修行している。行基は、奈良時代にため池や橋梁の建設といった社会インフラの建設をはじめとしたプロジェクトを実行した。とくに有名なのは、聖武天皇に招かれて、東大寺大仏殿建設プロジェクトでも指導力を発揮したことである。他方、役小角も飛鳥寺で修行したのち、行基とは対照的に山に入り、修験道の祖となった。わたしは、日本の風土と風景の履歴を解くためには、二人の思想と行動を理解しなければならないと考えている。当時、飛鳥寺で中心的な仏教思想は、唯識《ゆいしき》思想といわれた。存在するすべてのものは、心のなせるわざであるとするこの思想は、三蔵法師《さんぞうほうし》玄《げん》奘《じょう》に師事した道昭《どうしょう》が伝えたといわれる。これを学んだ行基はなぜ社会実践に身を挺したか、またどうして役小角は山岳での修行へと新たな道を歩んだのか。他方二人に共通していることは、どちらも律令制下にある政府から弾圧されたということである。興味の尽きないテーマであるが、話を飛鳥に戻すことにしよう。

甘樫丘からの眺望。畝傍山の向こうに双耳峰の二上山

　飛鳥寺は、いまは小さくなってしまっているが、それでも飛鳥盆地では目立つ建物で、盆地内ではどこからでも見ることができる。飛鳥を象徴するランドマークである。

　飛鳥寺から目を先に向けると、盆地の東側の先端に飛鳥坐神社《あすかにいますじんじゃ》の森が見える。この古社の由緒を読むと、祭神は、驚いたことに、「八重事代主神」と「大物主神」が中心である。前者はコトシロヌシで、オオクニヌシの子、後者はオオモノヌシであるから、いわば出雲を代表する二神が祀られていることになる。これに加えて、飛鳥神《あすかかん》奈備《なび》三《み》日《ひ》女神《めのかみ》と高皇《たかみ》産霊神《むすひのかみ》の二柱の神が祀られる。飛鳥神奈備は在地神にちがいない。高皇産霊神は、アマテラスの子、オシホミミの妻の父であり、また、オモイカネの父であるから、高千穂神話の天孫降臨では重要な役割を果たす。

　とにかく、飛鳥坐神社の主たる祭神は、コトシロヌシとオオモノヌシである。コトシロヌシは、父オオクニヌシに国譲りについて尋ねられ、反対するもうひとりの子、タケミナカタと異なり、アマテラスに従属し、国を譲るという選択をする。国譲りに際して戦いを挑んだタケミナカタは信濃に封じ込められて諏訪の神となり、コトシロヌシは、身を海に沈めて美保神社の祭神となる。コトシロヌシが恵比寿とされるのはこの道筋である。しかし、国を譲ったコトシロヌシは、八十万の神々を率いるリーダー格の神として飛鳥の地（天の高市《たけち》）に鎮まったという伝承もある。

　天武天皇が壬申の乱の出征の折、コトシロヌシは、前後から守りの神として働いたということが、『日本書紀』「天武紀」の壬申の乱の勝利に至る過程で記されている。箸墓《はしはか》の麓での戦いで神がかりになった者が、「吾は、高市社《たけちのやしろ》に居る。名は、コトシロヌシである。また牟《む》狭社《さのやしろ》に居る。名は、生霊神《いくたまのかみ》である」と言い、また、「吾は天皇の前後に立って、不破関まで送って帰った。今も官軍の中に立って天皇を守っている」とも言った。天武天皇は戦勝の後、神の位階を上げて祈ったという。

飛鳥坐神社の鎮座する山は、鳥形山という神名備山である。神社は、もと雷丘にあったのを遷宮したともいわれる。政治の中心が飛鳥川上流に移されたとき、甘樫丘と飛鳥寺をはさんで対峙する丘に移されたものか。コトシロヌシは、飛鳥にとって守り神だったのである。神話と歴史の編纂が始まった飛鳥の地でも、そこには出雲の神々が鎮座して、古代の都を守ってきたのである。いったいこれはどうしてなのか。

甘樫丘の上で雄大な景観に時を忘れていると、これまでの旅のなかで蓄積してきた神々と風土をめぐるいくつかの疑問が思い浮かんできた。

第十二章

神話と歴史をめぐる三つの疑問

なぜ天皇は出雲神を祀ったか

神々をめぐる旅を重ねるうちに、わたしの心に浮かんだ疑問はつぎのようなものであった。

第一の疑問は、スサノオ・オオクニヌシを祀る天皇の存在である。九州神埼の地でスサノオを祀った景行天皇、埼玉の氷川神社と東京の根津神社にスサノオを祀ったヤマトタケル、京都の八坂神社にスサノオを祀った天智天皇の母、斉明天皇、そして、都を飛鳥から近江に移すときに三輪山のオオモノヌシを連れていった中大兄皇子すなわち天智天皇である。

百済が唐と新羅の連合軍に敗れて滅びたとき、百済王朝再興をもくろむ斉明天皇にかわって指揮をとったのが中大兄皇子であったが、白村江《はくそんこう》の戦いで惨敗した。そこで皇子は、唐と新羅の連合軍が攻めてくることを恐れて飛鳥の都を近江に移した。大和の地を去らなければならなかった悲劇の歌人、額田王《ぬかたのおおきみ》は、大和の守り神であったオオモノヌシの鎮座する三輪山を後にすることの無念をこう詠んでいる。

三輪山をしかも隠すか雲だにも
　心あらなも隠さふべしや

「三輪山をこんなふうに隠してしまうのですか。雲にも思いやる情があってほしいのに。隠してしまうなんて」と詠うこの歌は、三輪山を隠す雲と額田王の心情とが重なり合う。立つ雲よ、ふるさとの山、故国の山、三輪山を隠してしまうのですか。あなたをずっと眺めていたいのに、という惜別の歌である。

中大兄皇子は、近江の地に都を移し、オオモノヌシをオオナムチとして琵琶湖の西岸に祀った。現在の日吉《ひよし》大社である。その祭神は二柱で、オオナムチとオオヤマクイである。オオヤマクイもオオクニヌシの子孫であるから、どちらも出雲系の神である。大和でも飛鳥でも近江でも、朝廷を守る神は出雲の神であった。

すでに述べたことだが、甘樫丘と対峙する東の丘陵麓にある飛鳥坐神社の祭神は、コトシロヌシとオオモノヌシであった。飛鳥の地を守るのは、甘樫丘の蘇我氏と出雲の神々である。

天皇が日本の国家リーダーとするならば、そして、その王統の起源がアマテラスであるならば、しかも、その名が天下を照らす神であるということならば、歴代天皇は、国の中心の守り神にアマテラスを祀ってもいいのではないか。というよりも、むしろそうするのが当然ではないのか。日本のあちこちをめぐりながら気づいたことは、重要と思う地に鎮座するのが出雲の神を祀る神社であり、伊勢神宮かそれに準ずる規模のアマテラスの社はほとんど見ることができないということである。歴代天皇は出雲の神々を日本の国土空間の守り神として重要な地点に招かざるをえなかったということか。とすれば、出雲の神々の神話を排除するわけにはいかなかったにちがいない。政権を出雲から譲らせた大和であるが、その大和政権は出雲を抜きにしては国土を治めることができなかった。そう考えざるをえないのである。

つぎの第二の疑問と第三の疑問は、記紀を読むときに出てくる疑問である。

なぜ天皇は祟られたか

これも不思議なことだが、『日本書紀』には、天皇と「祟り」の記述が残されている。とくに有名なのは、三輪山の神、オオモノヌシの祟りに直面した崇神《すじん》天皇の話である。

第十代崇神天皇の時代に疫病が蔓延して人民は危機的な状況に陥った。途方に暮れる天皇の夢に神のお告げがあり、原因はオオモノヌシの祟りであるという。朝廷ではこの神の命じるとおりに神祭を行った。すると、疫病は終息したという。

疫病が祟りとして出現するということは理解できるにしても、祟られたのはだれなのか。「崇神」の名は、天皇が祟られたと理解されていることが分かる。なぜ祟られたのかというと、その答えも『日本書紀』に書かれている。その記事によれば、天皇がオオモノヌシをしっかりと祀っていなかったからである。

第十代崇神天皇を継ぐ第十一代垂仁《すいにん》天皇も出雲のオオクニヌシの祟りにあう。皇子が口をきくことができなかったのは、その祟りだというのである。

出雲の神は祟る神である。しかも出雲の神を尊崇していないと天皇に祟るというのが『古事記』『日本書紀』の記事である。

天皇は神であるという思想・信仰が日本の歴史の中で形成されてきたわけだが、神である天皇が祟られるという。それが天皇の系譜を正当化することを目的として編纂された書物に述べられているのである。この記述には、天皇の存在を絶対化することに対する疑いが編入されている。そのようにしか思えないのである。

崇神天皇、垂仁天皇の時代からずっと下って、景行天皇の孫の仲哀天皇のことは、すでに述べた。神功皇后の口を借りたアマテラスと住吉の神の神託に背いて変死を遂げた天皇である。

百済王朝を再興するために軍を率いて遠征した斉明天皇のエピソードもある。天皇は、福岡県朝倉市の筑後川右岸に陣を敷いた。その朝倉橘広庭宮跡《あさくらのたちばなのひろにわのみやあと》からは、眼下に流れる筑後川とその先に広がる有明海を見渡すことができる。

『日本書紀』に、斉明天皇は宮を建設するために朝倉社の木を切り倒したので、多くの人たちが死んだと記されている。神の怒りの二ヶ月あまり後に、天皇は突然崩御する。その原因は記されていないが、社の木を切ったゆえの神の怒りに触れたのではないか。そのようなことを示唆する『日本書紀』の書きぶりである。

神が天皇に崇るということは、天皇の神聖性と矛盾するのではないか。あるいは、天皇が絶対的な存在ではないということを示唆しているのではないか。記紀の編纂者たちがそのような記事を残すことは、天皇の神聖性を損なう記事をわざわざ残すことではないのか。いったい編纂者、あるいは、編集責任者の意図はどこにあるのか。

なかでも、わたしがもっとも不思議に、あるいは、不可解に思うことがある。『古事記』『日本書紀』の編纂を命じたのは天武天皇であるが、『日本書紀』の「天武紀」の記事である。

天武天皇が最後の病を得たのは、六八六（天武天皇十五）年で、五月二十四日にはじめて熱にうなされたとある。半月後の六月十日にはつぎのような記述がある。

戊寅（十日）に、天皇の病を卜《うらな》ふに、草薙剣に祟れり。即日《そのひ》に、尾張国の熱田社に送り置く。

占いを命じたのは皇后の鸕野讃良皇女以外にはない。その結果は、剣の祟りであった。草薙剣とは、スサノオがオロチの尾から得た天叢雲剣である。この剣は、皇室の権威の象徴である玉、鏡とならぶ神器である。その神器が天皇そのひとに祟ったというのである。それもよりによってスサノオがオロチの尾から取り出したあの剣、ヤマトタケルが手にして敵と戦ったあの剣である。

天武天皇がその草薙剣の祟りにあたったので、剣を即日熱田神宮に送ったというのである。熱田神宮が出てくるのは、東征から帰ったヤマトタケルが伊吹山の神の祟りに遭い、白鳥となって飛び去ったが、宝剣は熱田神宮に奉納されたからである。だが、記事はこれだけの簡単なもので、どうして剣に祟られたのかという理由についてはまったく述べられていない。

その後も天武天皇の病状は改善せず、天皇は病気快癒を願って、元号を変えた。七月二十日のことである。元号は、天皇が好んだ「赤」の色にちなんで、「朱鳥《あかみとり》」とした。赤を好んだのは、中国漢の高祖、劉邦がライバルの項羽の白に対して旗の色を赤としたことを知っていたからだという。しかし、朱鳥元年九月九日、天皇の病はついに癒えずして崩御した。

出雲建国の祖スサノオがヤマタノオロチの尾から取り出した天叢雲剣の祟りによって病を得て崩御したと『日本書紀』には記されているわけであるが、記紀の編纂を命じた天武天皇が神話のなかで語られる剣に祟られたという。このことが『日本書紀』に書かれているというのはどういうことなのだろうか。

『日本書紀』の編纂者、あるいは、編纂の責任者はこれを記した原稿を見てどうして削除しなかったのだろうか。むしろ、わざわざ記載したとも考えたくなる。しかも天武天皇から持統天皇に政権が移る重大なときの記事である。持統天皇が点検していないはずはない。

祟りの記事は、天武天皇から天皇の象徴となる神器のひとつを引き離す必要があったということを示唆しているようにもとれる。出雲に由来するパワーを天武天皇からわざわざ引き離す必要がどこにあったのだろうか。それを実行できるのも持統天皇である。持統天皇は、天武天皇から剣を引き離すことでなにを目論んでいたのだろうか。本当に剣が祟っていると信じて、その原因を取り除けば、天武天皇が回復すると思っていたのだろうか。
神であるはずの天皇が神に祟られるということ、そのことを『古事記』『日本書紀』は、わざわざ記録している。もしかすると、他の祟りの記事は、天武天皇の祟りの前例ということで書き加えられたのではないかとも思う。なぜなら、この出来事は、仲哀天皇と神功皇后の夫婦間で起きた出来事につぐ恐るべき祟りだからである。これが第二の疑問である。

なぜ暴虐な天皇が記録されたか

第三の疑問は、神々についてではないのだが、『日本書紀』の記事についての疑問である。暴虐非道な天皇の存在が描かれているが、それはどうしてなのかということである。その代表例は雄略天皇と武烈天皇である。雄略天皇は、国家の版図を拡大した勇猛な天皇とされる一方、その性格についてはつぎのように評価されている。『日本書紀』「雄略紀」の記述である。

天皇は自分の心だけを師とされた。誤って人を殺すことが多かった。世の人はこれを誹謗して、「はなはだ悪い天皇だ」と言った。

みずからの心だけが師で、ほかに規範を示す者がいないことで、人を多く殺したというのである。「雄略紀」の編纂者は、人々の言葉を借りて、天皇を批判しているようにみえる。その理由は「心を以て師《さかし》としたまふ」、つまり、自分の思うままにふるまう専制的な君主だというのである。

また、読むもおぞましい暴虐な天皇といえば、武烈天皇で、人々を苦しめ苛《さいな》む残虐性は比類がない。『日本書紀』「武烈紀」の記載である。

（武烈）八年春三月、女たちを裸にして平板の上に座らせ、馬を引き出して面前で馬と交接させた。女の陰部を調べ、湿っている者は殺した。湿っていない者は、官婢《かんぴ》にした。これを楽しみとした。このときまでに、池を掘り、苑をつくって、鳥獣でいっぱいにした。そこで狩りを好んで、犬に追わせ、馬を試した。出ることをも入ることも出し抜けで、大風、大雨も気にしなかった。衣服をあたたかくして、百姓が寒さで震えていることを忘れた。美食を尽くして、天下の人々の飢餓を忘れた。しばしば侏儒《しゅじゅ》や俳優を集めて、みだらな音楽を奏し、奇怪な遊びごとをさせて、ふしだらな騒ぎをやりたい放題であった。日夜常に後宮の女たちと酒におぼれ、錦の着物を褥《しとね》とした。綾や白絹を着た者も多かった。

いわば酒池肉林の描写である。中国でいえば、夏の桀王《けつおう》や殷の紂王《ちゅうおう》である。紂王は周の武王《ぶおう》に滅ぼされ、中国では王朝が変わった。天命が革まったのである。易姓革命《えきせいかくめい》である。

しかし、日本では、革命は起きなかった。日本の武烈天皇はだれかに滅ぼされたのではなく、崩御したと記されるのみである。天皇には、子がなかったので、人々は天皇の後継を選ぶのに苦労することになった。選ばれたのは、武烈天皇から過去にさかのぼって、応神天皇の系譜にあたる男大迹天皇《おおどのすめらみこと》である。皇統を継ぐことになったという意味か、継体天皇といわれる。皇統はいったん途切れ、遠く過去にさかのぼって見いだされた皇子が皇統をつなぐことになった。

武烈天皇は、暴虐な性格が描かれているが、その死は「祟り」によるものではない。しかし、これも天皇の神聖性、絶対性を主張するには、実に都合の悪い記事である。なぜこのような記事を編纂者は残したのか。

これが第三の疑問である。

『古事記』と『日本書紀』

雄略天皇と武烈天皇の記事は、『日本書紀』に書かれている。『古事記』と『日本書紀』の違いについては、いろいろ議論があるが、大きな違いは、漢字で書かれた和文の『古事記』に対し、『日本書紀』は漢文で書かれているという点にある。和文を読むのは日本人であるから、『古事記』は天皇家、あるいは、ゆかりの人々のために書かれたものであるともいわれる。

それにしても、祖先の物語であれ、『日本書紀』記載の残虐な話は天皇家の子女には到底読ませられないであろう。あるいは、皇位の継承の可能性のある皇子たちは、こうした記事も学んで記憶のなかに入れなければならないということか。

『日本書紀』は漢文で書かれている。漢文は汎用語であるから、国際的な関係のなかでも役に立つ。とくに当時の国際的な緊張関係を考えるならば、日本のアイデンティティを外国に示すためにも必要であったろう。

両書のもっとも重要な違いは、『古事記』が推古天皇の記事で終わっているのに対し、『日本書紀』は、持統天皇が文武天皇に禅譲して、天皇位から退位したときをもって終了しているという点である。

推古天皇は六二八年に崩御している。不思議なことに、天武天皇の誕生年は記録されていない。持統天皇は乙巳の変の六四五年に誕生しているから、推古天皇時代は生前の出来事である。『古事記』が編纂された天武天皇から元明天皇の時代には、推古天皇までの出来事を目撃している人はひとりもいないのである。

これに対し、『日本書紀』の編纂に参加した人々の多くは、天智紀、天武紀、持統紀に記載された出来事と同時代人である。

天武天皇は歴史書編纂を命じたが、ほどなく没し、政治の中心は持統政権へと移った。その持統天皇の退位までを描くのが『日本書紀』であるが、完成したのは、持統天皇退位の六九七（持統天皇十一）年の二十三年後、持統天皇崩御の七〇二（大宝二）年の十八年後の、七二〇年である。

持統天皇にとっては、退位から崩御まで五年間、自分の父、自分の夫、そして自分自身の治世のチェックを行う時間があったということである。また、持統天皇の崩御から完成まで持統天皇とともにチェックすることのできる立場にあった天皇は、文武天皇、元明天皇、元正天皇であるが、その背後には最高権力者の藤原不比等がいた。不比等は、持統天皇の没後、さらに十八年もの長い間、内容を検討する時間をもっていた。

史書の編纂には、これを残すことを命じた天武天皇の意図が存在した。しかし、その意図は、持統天皇、さらに、その側近であった藤原不比等にまったく同じものとして継承されたのではない。当時の国家のリーダーの関心・懸念の変化のもとに編集されたものに違いない。その関心・懸念がどのように反映されているのか、このことを考えることなく、これらの文書を読むことはできない。書いた者の身になって読めというのが、大学でのわたしの教育の指針の一つであったが、では、その関心・懸念を解く鍵はどこにひそんでいるのだろうか。

先に述べた三つの疑問のうち第一の疑問は、日本各地をめぐるとき、いつもわたしの心にあった。あとの二つについては、『古事記』『日本書紀』を読むときに不思議に思っていたことである。ふたつの書物は、天皇の正当性を示すためのものではないのか。だとすれば、記紀の編者たちは、どうしてこうした不都合と思われる記事を残したのか。歴史を書き残す勝者は、自分たちに不都合なことは削除、隠蔽、改竄するだろうと考えるのが普通である。ならば、これらの記事は削除したり、もっとよい印象の記事に変更したりしてもよかったのではないか。それとも、編纂者は、古代からの伝承を正確に、客観的に記述したと主張するのだろうか。

そのヒントが飛鳥と藤原の風景のなかにあるかもしれない。ということで、わたしは飛鳥から藤原の旅をつづけることにした。

第十三章

飛鳥浄御原宮——神話と歴史を編む

女帝の時代

神話世界から歴史世界へと考察の歩みを進めようとするときに、飛鳥京から藤原京は、その空間の履歴を考えずにはいられない場所である。天武天皇が『古事記』と『日本書紀』の編纂を命じたのは、飛鳥の中心、飛鳥浄御原宮《あすかきよみはらのみや》で、甘樫丘から展望することのできる盆地の南側を流れる飛鳥川の近く、いま田んぼのなかにある場所である。発掘調査の成果として、飛鳥板蓋宮の遺跡があり、そこに飛鳥浄御原官も造営されたと考えられている。

推古天皇の即位はすでに見た豊浦の地であるが、盆地を流れる飛鳥川周辺の地に、飛鳥岡本宮、飛鳥板蓋宮、飛鳥川原宮、そして、飛鳥浄御原宮が造営されたのであった。

なかでも、飛鳥板蓋宮では、中大兄皇子と中臣鎌足による蘇我入鹿の謀殺事件が起き、そこから大化の改新が始まっている。すでに述べたように、中大兄皇子とその母、斉明天皇の朝鮮半島

飛鳥板蓋宮跡。遠方左は甘樫丘、右手は飛鳥坐神社の社叢。はるか向こうに耳成山

百済支援の出征があり、白村江の大敗で逃げ帰った中大兄皇子は、この地を後にして近江京へと移り天智天皇として即位した。その崩御ののち後継者争いから壬申の乱が起きた。勝利した天武天皇と持統天皇は飛鳥に戻り、天武天皇はこの地で即位した。さらに、天武天皇の崩御ののち、皇太子草壁皇子《くさかべのみこ》に対する大津皇子《おおつのみこ》の謀反の発覚と鸕野讃良皇女による処刑、鸕野讃良皇女の持統天皇即位もまたこの地で行われた。

激動の時代である。乙巳の変は、飛鳥板蓋宮の宮中で実行されたが、高句麗・百済・新羅の三韓の外交使節団の眼前で展開されたクーデターであり、百済支援遠征は、朝鮮半島の動乱に介入しようとした事件であった。乙巳の変、壬申の乱、大津事件は、政権の掌握、とくに後の二つは、皇位継承に絡む大事件であった。

国内の情勢は、東アジアの情勢と直結していたことも忘れてはならない。隋の文帝による中国統一から第二代煬帝、隋を滅ぼして唐を建国した李淵（高祖）、李世民（太宗）と貞観の治、朝鮮半島では、高句麗の泉蓋蘇文（淵蓋蘇文《えんがいそぶん》）、百済の義慈王、新羅の武烈王（金春秋《キムチュンチュ》）、金庾信《キムユシン》など、英雄たちがしのぎを削った。

東アジアの七世紀から八世紀にかけては女帝の世紀でもあった。日本では、推古天皇、皇極天皇（重祚《ちょうそ》して斉明天皇）、持統天皇、元明天皇、元正天皇。新羅では、善徳女王と真徳女王。さらに、中国では、武則天が持統天皇と同じ時代に皇帝として権力を握った。唐の武則天は、中国唯一の女帝である。即位した六九〇年は、持統天皇即位と同じ年であった。こうした情報は、日本でも入手できたに違いない。

さて、甘樫丘からの展望を楽しんだあと、狭い尾根筋にそって南に向かい、やがて蘇我氏の館跡が残るという東斜面を降りる道を出ると、すぐに飛鳥川に出る。川を渡り、上流に向かうと左手には飛鳥寺、右手には河岸の丘が広がる。川を上る右手の平らな丘、上流からみて飛鳥川の左岸は、斉明天皇が宮をいとなんだ川原宮の跡である。のちに川原寺の伽藍となったが、いまは礎石だけが残っている。

川原寺跡の段丘の北端に立って北を展望すると、左手に甘樫丘、手前近くに飛鳥寺の屋根、少し右手に飛鳥坐神社の小さな森、その向こうに、藤原京遺跡のある水田地帯、さらに、はるか北に姿のよい耳成山が小さく見える。右手に香具山、その向こうの山並みの連なりのなかに三輪山の姿もある。改めて驚くことだが、三輪山は、川原宮からも望めたのである。

川原寺跡から望む飛鳥遠望。手前に飛鳥川、水田のなかに板蓋宮跡、飛鳥寺の屋根、はるか右奥に三輪山が見える

川原寺跡の南には、道路をはさんで橘寺《たちばなでら》がある。この寺は、聖徳太子生誕の地であるという。祖父の欽明天皇の宮は、三輪山の麓を流れる大和川のほとり磯城嶋金刺宮《しきしまかなさしのみや》といわれるが、この橘寺の地には別宮があったという。日本を示す枕詞「しきしまの」は、磯城嶋金刺宮であったとされるから、この点でも三輪山と飛鳥の深い関係を知ることができる。

川原寺から橘寺を経て、ふたたび飛鳥川に出ると、冬野川との合流点の近くで、蘇我馬子の墓とされる石舞台古墳に出る。石舞台の地から地形は傾斜が急になる。飛鳥川も渓谷となって流れ下っている。振り返ると、石舞台からは三輪山は見えず、甘樫丘の右手はるかに二上山の双耳峰が見えた。

乙巳の変の現場に立つ

石舞台から降って飛鳥川の右岸にひろがる水田地帯をゆく。地形を見ると、ゆるやかな傾斜になっていて、わずかだが棚田、狭田、真田である。近代になってから圃場整備が行われたので、古代の水田の面影はないのだが、水田の間を流れる水路は、直線的な整備がなされていないので、古代水路の風景を彷彿とさせる。

少しゆくと、遺跡が整備されている。案内板には、「史跡　飛鳥宮跡《あすかきゅうせき》、伝飛鳥板蓋宮跡《でんあすかいたぶきのみやのあと》」とある。推古天皇から持統天皇の治世にいたる七世紀の約百年間、歴代天皇の宮がつぎつぎとこの地に造営された。推古天皇の豊浦宮の話はすでに述べたが、中大兄皇子の母、皇極天皇の飛鳥板蓋宮はこの地である。皇極天皇が再び斉明天皇として即位して造営した飛鳥川原宮の地はさきほど述べた飛鳥川左岸であった。壬申の乱に勝利して即位した天武天皇と皇后である鸕野讃良皇女が造営したのがやはりこの地で、飛鳥浄御原宮である。

飛鳥板蓋宮は、六四五年の乙巳の変が起きた現場で、のちの大化の改新のスタート地点である。また、壬申の乱を勝利した天武天皇の造営による飛鳥浄御原宮は、わたしたちの関心の的である歴史書編纂が命じられた場所である。重要なことだが、歴史書編纂は、律令整備と草壁皇子の立太子の三つの柱のセットで行われた。したがって、飛鳥浄御原宮は、その後の日本の歴史の方向を定めるもっとも重要な出来事が起きた場所である。

中大兄皇子と中臣鎌足が出会い、意気投合して政治改革の戦略を練るプロセスは、よく知られている。法興寺の大きな槻《つき》の木の下の蹴鞠での出会い、中大兄皇子が蘇我倉山田石川麻呂の娘を娶る話、多武峰《とうのみね》（談山《たんざん》神社）での謀議など、興味はつきないが、忘れてならないのは、事件が起きた年、六四五（大化元）年に鸕野讃良皇女、のちの持統天皇が生まれているということである。持統天皇の人生は、父、中大兄皇子の生命をかけた戦いとともに始まっているのである。その事件の首謀者は、父、中大兄皇子と母、蘇我遠智娘《そがのおちのいらつめ》との婚儀をとりもった中臣鎌足であった。持統天皇と鎌足・不比等との深い因縁は、クーデターを機に新たなステージに突入してゆく。

さて、乙巳の変は、中大兄皇子と中臣鎌足の謀略によって実行された。事件は、中大兄皇子の母である皇極天皇の皇居で、しかも、三韓、すなわち、百済、新羅、高句麗の外交使節団の謁見の場で起きた。当時、天皇を補佐する最高権力者は蘇我氏で、その中心にいたのは、蘇我入鹿であった。

『日本書紀』によると、推古天皇は後継者を指名せずに崩御したので、混乱が生じたとある。推古天皇のあとは蘇我蝦夷の意向により舒明天皇が継いだが、そのあとは舒明天皇の皇后、皇極天皇が中継ぎとして即位した。しかし、その後継をめぐって紛糾し、蘇我入鹿は、聖徳太子の皇子であった山背大兄王《やましろのおおえのおう》を襲い、自殺に追い込んだ。

蘇我入鹿による事件について、『日本書紀』の記述ではいかに入鹿が独断的で横暴であるかを描いている。このあたりの記事は、蘇我から藤原への政権の移行を正当化するために、蘇我の横暴をことさら誇張して描いているという解釈も当然ある。

ただ、このころは皇位継承のルールが明確ではなく、争いが絶えなかった。山背大兄王の自害は、その頂点ともいうべき出来事で、皇統を左右する力をもつ者が現れると、天皇の一族が骨肉の争いのなかに放り込まれるという状況であった。入鹿の父親の蘇我蝦夷は、入鹿の独断的な暴走を聞いて激怒したという。蘇我氏と天皇家の関係は、蘇我氏の思惑でだれが皇位につくかが左右され、天皇の権威も蘇我の権力掌握と融合してしまい、そのために皇位の継承をめぐって血で血を洗う抗争となっていたのである。

山背大兄王事件の首謀者である蘇我入鹿の暴走が目に余るものとなっていったとき、入鹿暗殺の謀略を練っていたのが中臣鎌足である。実行するリーダーとしてふさわしい人材として近づいたのが中大兄皇子であった。二人は入念に準備し、そして決行の時を迎えた。

板蓋宮の旧跡は、いま遺跡として保存されている。発掘された礎石が並んだ様子は建物の名残であるが、周囲は水田である。この現場で国家的大事件が起きたのかと思うと、不思議な感慨に襲われる。

現場に立って思うことだが、『日本書紀』の乙巳の変の記述はにわかには信じがたいというのがわたしの感想である。しかも蘇我蝦夷、入鹿親子の邸宅はほとんど城のように武装されていたという。その警備を軽く見ていたとは思えない。あるいは、中大兄皇子と中臣鎌足に対しては行動を察知せず、油断していたということか。

クーデター決行の翌日、甘樫丘の堅固な蘇我の館も襲われて焼かれた。父親の蝦夷も自死したという。その際、すでに聖徳太子と蘇我馬子が編纂していた、『国記』と『天皇記』は焼かれたが、その一部は取り出されて、中大兄皇子に献じられたという。

これもにわかには信じがたい。なぜなら、そうした書物は、蘇我氏と天皇家の深いつながりと国づくりにかかわる書類であったであろう。焼いたりせずに、なんとか残るようにし、後の利用を図るのではないか。少なくとも一日あったのである。むしろその書類は、蘇我を悪者にして、クーデターの当事者にとって都合のよい物語にするのにも役立つ。焼かれたというのは、それが理由である。実際は焼けていなかったのではないか。これがわたしの推測である。

『日本書紀』を読むと、クーデターの様子があまりにもスリリングに描かれている。これは神話ではなく歴史書であり、歴史的事実を記録したものである。にもかかわらず、当事者でなければわからないようなことをあたかもドラマのように描いている。筆記者の力量であるが、その筆が冴えていればいるほど、そこに脚色が入っているのではないかと疑ってしまう。歴史と物語の狭間をゆく見事な書きぶりである。

勝利した中大兄皇子と中臣鎌足の手に日本の政治の中心は移ってゆくのであるが、出来事の推移はそれほど直線的ではない。退位した母、皇極天皇に代わって即位したのは中大兄皇子ではなく、孝徳天皇であった。孝徳天皇は都を難波長柄豊碕宮《なにわのながらのとよさきのみや》に移すが、やがて孝徳天皇と中大兄皇子が反目し合うようになると、中大兄皇子は宮を飛鳥に戻す。孝徳天皇が没すると、それでも、中大兄皇子は即位せず、母の皇極天皇が飛鳥板蓋宮で斉明天皇として再び即位した。重祚である。やがて、百済が新羅と唐の連合軍に滅ぼされると、百済王朝の再興を目的に斉明天皇は軍を起こす。六六一（斉明天皇七）年、中大兄皇子、大海人皇子、その妻の鸕野讃良皇女も九州への遠征に従う。

大軍を朝鮮半島の西まで送り出したものの、白村江で唐と新羅の連合軍に大敗する。そのとき唐の皇帝は第三代高宗、皇后はのちに皇帝に即位する武則天である。新羅の王は、乙巳の変のあと、日本に滞在していた金春秋こと、武烈王《ぶれつおう》である。

斉明天皇の朝鮮出兵の決断は、親百済政策がもたらしたものであるが、国際情勢の認識を誤った暴挙としか思えない。

斉明天皇は遠征地の九州朝倉の地で客死し、その後、指揮をとった中大兄皇子は、連合軍が日本の国土まで攻めてくることに恐怖を抱き、九州大宰府を守る巨大な水城と多くの城を築いた。訪ねてみると、いまその礎石は神籠石《こうごいし》と呼ばれて、石垣だけが残る。北九州各地に点在し、また岡山の鬼ノ城もその一つであるとされている。朝鮮式の山城と考えられている。難民となって日本に渡ってきた百済の技術者集団の力によるものか。

中大兄皇子は、防御施設の建設だけでなく、国土防衛のための兵士徴集の必要性から、防人の制度を始めた。それだけでなく、飛鳥にあった都を近江、大津宮に移すことにした。その引っ越しに際して、三輪山のオオモノヌシを琵琶湖東岸麓に鎮座する現在の日吉大社にオオナムチとして祀ったことは、すでに述べたとおりである。

近江遷都の理由は何か。蘇我の空気の残る飛鳥から逃れたいという気持ちもあったのではないか。だが、飛鳥の地は、三輪山の神のまなざしに守られている。近江に都を移すにしても、守り神とともになければならない。なので、三輪山の出雲神を近江京の守り神としてお連れする、ということになった。出雲神が天智天皇の時代に至るまで、大和朝廷の守り神として大切な役割を果たしてきたということを知ることができる。

翼のついた白虎。キトラ古墳壁画（七世紀末から八世紀初頭）。奈良文化財研究所提供

吉野の盟約と歴史編纂の詔勅

天智天皇は大津宮でさまざまな国政改革を行うが、問題は後継者であった。当初、弟の大海人皇子を皇太弟に指定していたのだが、優秀な大友皇子を重用するようになった。そこで身の危険を感じた大海人皇子は、皇太弟を辞して出家し、吉野に逃れる。この様子について、『日本書紀』は、「或曰、虎着翼放之（あるひとの言う、虎に翼を着けて放った）」と印象的に記している。

大海人皇子は、吉野で身の危険を感じると、近江政権打倒に立ち上がり、諸国からの援軍を得て、近江軍を打ち破って勝利した。飛鳥に帰還して、飛鳥浄御原宮を造営し、そこで即位する。六七三年のことであった。

天智天皇が没したとき、後継として大友皇子が即位したかどうかは、明らかではない。明治政府は、即位したと見なして、弘文天皇の諡《おくりな》を贈った。もしそうなら、大海人皇子は天皇を死に追いやり、政権を簒奪《さんだつ》したことになる。

壬申の乱に勝利して即位した天武天皇の悩みは、自分の後継者をどうするかということであった。この問題は、たんに自分の後継者をどうするかという問題だけではなく、ルールとしての皇位継承をどうするかという問題と不可分であった。そうでないと自分の後継者の皇位継承についても対立・紛争が起きる可能性があるからである。

では、天武天皇はどうしただろうか。天武天皇は、飛鳥浄御原宮で六七三年に即位してから六年後、六七九（天武天皇八）年五月五日、皇后、鸕野讃良皇女と草壁皇子、大津皇子、高市皇子《たけちのみこ》、川嶋皇子《かわしまのみこ》、忍壁皇子《おさかべのみこ》、芝基皇子《しきのみこ》の六人の皇子を吉野に連れて行き誓約をさせた。いわゆる、吉野の盟約である。自分が経験した皇位継承の争いを、子どもたちにさせてはならないという思いであったろう。天皇は、「わたしは今日、おまえたちと共に約束して、千歳ののちも問題が起きないようにしたいと思う。どうだろうか」と言った。まず、草壁皇子が誓い、さらに天皇自身がこう言った。「天皇の命に従い、お互いに助け合いなさい。もしも誓いに背くなら、身命は滅びるであろう」と続けた。「わたしの子どもたちは、母を異にしているが、一人の母親からうまれたようにかわいがろう」といい、六人の皇子を抱いて、「もしこの盟に違えば、わたしの身を滅ぼすであろう」と述べた。皇后も同じように誓ったという。

吉野の盟約から二年後の六八一（天武天皇十）年二月二十五日に、天武天皇は、親王、諸王、諸侯を飛鳥浄御原宮の大極殿に集めて、「われは、いまからまた律令を定め、方式を改めようと思う」と述べ、これを遂行するために、通常の公事が滞るといけないから、役割分担して行うようにと指示している。律令とは、律は刑法、令は主に行政法である。国家の形を定める法令であるから、国を支える重要な柱である。

同時に、このとき、草壁皇子を皇太子としたとある。天皇の後継者を指名したことは、律令とならんで国家のアイデンティティを構成するもう一つの柱である。

さらに、その翌月三月四日のことであるが、『日本書紀』によると、天武天皇は、もう一つの重要な詔勅を発している。「帝紀《ていき》および上古諸事《いにしえのもろもろのこと》を記しさだめさせた」というのである。「記しさだめる」とは、編纂させるということであろうが、ニュアンスとしては、書き記し確定するというほどの意味だろうか。いろいろな記録をしっかり調査し、記録し、確定するという作業である。ほぼ同時期に発せられた詔勅を構成する律令の整備、皇位継承者の指名、歴史書の編纂は、国家としての日本のアイデンティティを支える三本の柱であった。

律令整備・草壁皇子の立太子・歴史書の編纂は、天皇を中心とする国家の課題として宣言されたものである。この三点セットをそろえることで、東アジアの国として、中国や朝鮮半島の国々と対等の立場に立つことができる。天武天皇はこう考えたにちがいない。

思いは、持統天皇も同じであった。吉野の盟約も三点セットも天武天皇の考えであったろうが、同時に持統天皇も考えていたであろう。持統天皇は天武天皇とともに政治の中心にいた。草壁皇子の立太子と律令整備、歴史書編纂は、持統天皇自身の考えであったとも思われる。

なかでも、草壁皇子の立太子と皇位の継承は、持統天皇にとって絶対に実現しなければならないことであった。なにしろ、草壁皇子は、持統天皇の唯一の皇子であり、しかも、斉明天皇の起こした百済支援の遠征軍に加わって、九州の地で生んだ子であったからである。それはちょうど、新羅遠征のときに応神天皇を生んだ神功皇后と同じであった。

天武天皇が病没すると、当然、皇太子、草壁皇子が後継者となるにちがいなかった。ところが、ライバルがいたのである。持統天皇の実の姉の大田皇女《おおたのひめみこ》と天武天皇の間に生まれた大津皇子である。すでにその三年前の六八三年から、大津皇子は政府の仕事を得て活躍していた。

大津皇子は、草壁皇子を脅かすほどの人材であったという。日本最古の漢詩集である『懐風藻』によれば、体格・容姿はたくましく、小さいころから学を好み、博覧で文章が上手であった。成長すると、武芸を愛し、力が強く剣の達人であった。性格はとらわれることがなく、制度にこだわらなかったが、礼節をもっていた。そこで多くの人々には期待するところがあった。このような大きな賛辞を多くの人が寄せたという。

草壁皇子はすでに皇太子になっていたから、既定路線のようにも思えるが、持統天皇は心中穏やかではない。山背大兄王の自殺、それに続いた父、中大兄皇子による入鹿暗殺、父が後継に指名しようとした大友皇子と夫、大海人皇子との間の壬申の乱、こうした皇位継承をめぐる血で血を洗う争い、ときには骨肉の争いは絶対に避けなければならない。しかもその危機にあるのが、草壁皇子である。では、何をしなければならないか。そう考えつづけていたに違いない。

天武天皇から持統天皇へ

天武天皇が亡くなったときのことを『日本書紀』「天武紀」はつぎのように簡単に記述している。

丙午（九月九日）、天皇の病は癒《い》えず、正宮《おおみや》で崩御された。……辛酉（二十四日）、大津皇子が謀反を企てた。

『日本書紀』「持統紀」では、持統天皇の人となりがつぎのように記されている。

高天原広野姫天皇《たかまのはらひろのひめのすめらみこと》は、若いときの名は鸕野讃良皇女といった。天智天皇の第二皇女である。母を遠智娘《おちのいつらめ》という。天皇は、深沈にして大度まします。斉明天皇の三年に、天武天皇に出会い妃におなりになった。帝王の皇女であったが、礼を好み、欠けるところのないお心をもち、国母の徳をお持ちであった。

天智天皇の元年に、草壁皇子を大津宮（現在の筑紫の娜大津《なのおおつ》）でお生みになった。

天智天皇十年十月、出家して沙門となられた天武天皇に従って、吉野に入り、近江朝からの嫌疑を避けられた。

天武天皇の元年夏六月、天皇に従って難を東国に避けられた。軍に指令して兵士たちを集め、遂に天皇とともに謀《はかりごと》を練られるほどになった。死を恐れぬ勇者数万を分けて、各所の要害の地を守らせた。

秋、美濃の将軍たちと倭の勇者たちとの連合軍は、大友皇子を誅《ころ》して、首級をもち、不破宮《ふわのみや》に到った。

天武天皇二年、立って皇后となられた。皇后は始終天皇を助けて、天下を安定させ、つねによき助言者で、政治でも補弼《ほひつ》の任を果たされた。

朱鳥元年九月九日、天武天皇が崩御され、皇后は即位の式もあげられぬまま、政務を執られた。

このように「持統紀」は持統天皇の思慮深さと度量を「深沈と大度」として絶賛している。高天原広野姫天皇という諡号《しごう》は後世のものだが、高天原を支配するアマテラスを想像させる。

というか、アマテラスそのものである。勇敢さという点では、壬申の乱で天武天皇に従ったというだけでなく、命令・指示を出す役割まで担っており、女性将軍の姿である。しかも、戦略・戦術の謀議にも深く関わっている。軍事的なリーダーシップももっているかのようである。白村江への出陣の折、斉明天皇に従った大海人皇子とともに九州に赴き、そこで草壁皇子を生んでいる。持統天皇もアマテラスや神功皇后のように男子の髪型、角髪を結って遠征したのであろうか。

天武天皇即位のとき皇后に即位し、それ以降も政治の重要な場面で活躍する。天皇を助け、天下を安定させ、つねによき助言者であったという。

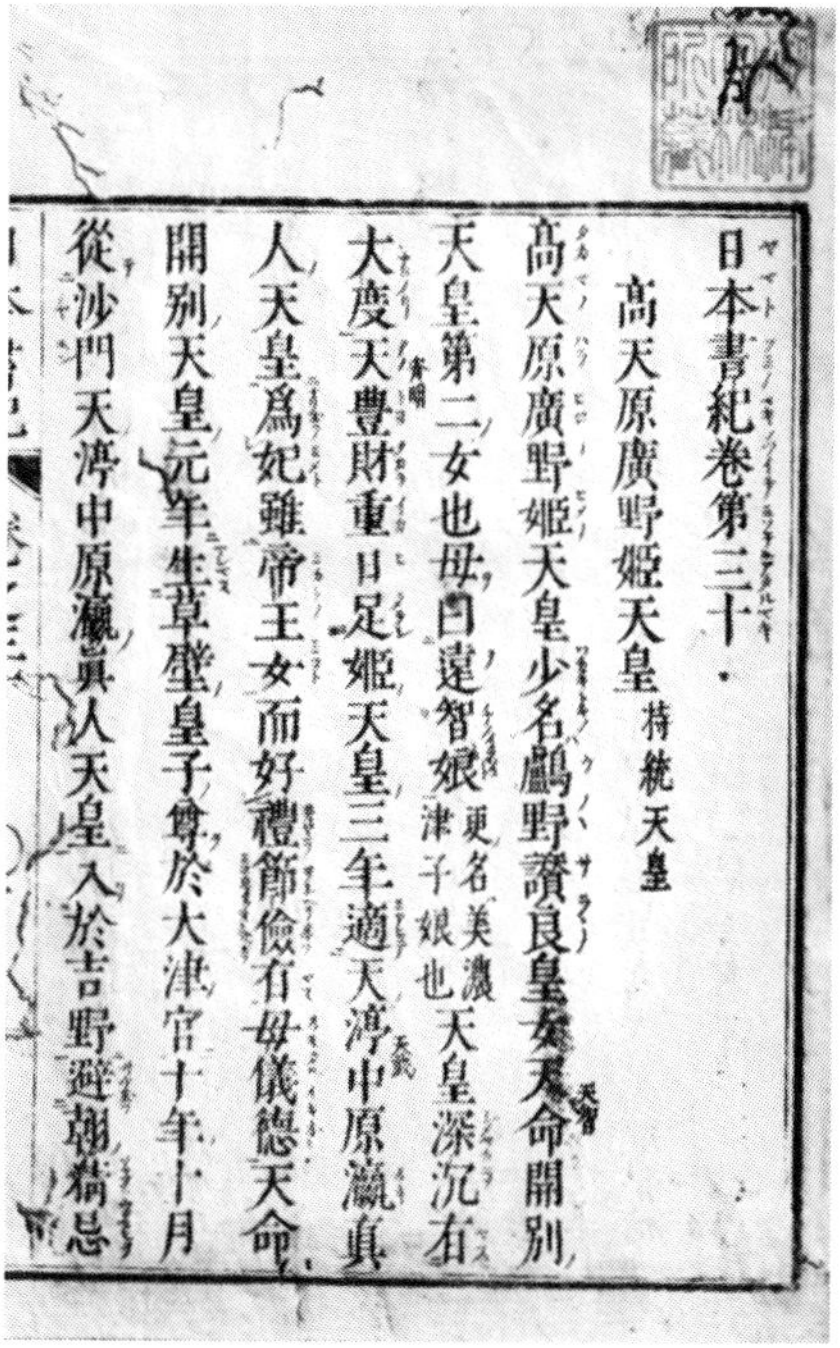
日本書紀巻第三十
高天原廣野姫天皇 持統天皇
高天原廣野姫天皇少名鸕野讃良皇女天命開別天皇第二女也母曰遠智娘 更名美濃津子娘也 天皇深沉有大度天豊財重日足姫天皇三年適天渟中原瀛真人天皇為妃雖帝王女而好禮節倹有母儀徳天命開別天皇元年生草壁皇子尊於大津宮十年十月従沙門天渟中原瀛真人天皇入於吉野避朝猜忌

『日本書紀』「持統紀」（寛政六年成刻版、著者蔵）

天武天皇が崩御すると、即位せず実質的な執務担当者に就任する（これを称制という）。その最初の仕事は、謀反によって捕えられた大津皇子の処断であった。天武天皇の崩御から一月もたたない十月二日、大津皇子の謀反が発覚、皇子と関係者を逮捕、翌日には、皇子に死を賜った。二十四歳であった。

そのあとの『日本書紀』の記述はつぎのように続く。

妃の山辺皇女《やまのべのひめみこ》は、髪を乱し、裸足で走り出て殉死した。見る者はみなすすり泣いた。大津皇子は、天武天皇の第三皇子で、威儀備わり、言語明朗で天皇に愛されておられた。成長されるに及び有能で才学に富み、とくに文筆を愛された。この頃の詩賦の興隆は、大津皇子に始まったといえる。

大津皇子の評価は、『懐風藻』の記載記事と同様であり、天武天皇の寵愛が目に見えるように描かれている。それにもかかわらず、あるいは、それゆえにこそ、というべきか、持統天皇の行動は迅速であった。

二十九日、持統天皇は、詔して、「皇子は謀反を企てた。これに欺かれた官吏や舎人はやむをえなかった。今、大津皇子はすでに滅んだ。従者で皇子に従った者はみな赦《ゆる》す。ただし、礪杵道作《ときのみちつくり》は伊豆に流せ」といわれた。また詔して、「新羅の沙門行心《こうじん》は、大津皇子の謀反に与したが、罪するのに忍びないから、飛騨国の寺に移せ」といわれた。

大津皇子の事件の処断は、これだけである。謀反発覚、逮捕、処刑は、電光石火であり、事件は、大津皇子の排除だけで決着している。

天武天皇は長く患っていたから、その後のことを思いめぐらす時間は、持統天皇に十分与えられていたであろう。皇位の継承については、吉野の盟約と、草壁立太子で約束されていたかに見えたが、大津皇子の政治への参加と天武天皇の寵愛は、持統天皇の心に不安を与えた一方、その不安を打ち消すための冷静な謀略の時間を与えていたに違いない。

ただ、持統天皇の決断は、ひとり孤独に沈思しての結論であったろうか。天武天皇の没後すぐの称制は、あたかもアマテラスの岩戸開きのようである。その扉を開いたのは、だれであったか。オモイカネにあたる人物の存在が気になる。

こうして持統天皇の憂いはひとまず消えた。しかし、期待にもかかわらず、称制開始（六八六年）からわずか三年後、草壁皇子が病没してしまう。彼女の悲しみはいかばかりであったろうか。ただ、草壁皇子は軽皇子《かるのみこ》を残していた。だから、この子が皇位継承者でなければならない。成長するのを待った上で、天皇への即位を実現するためにはどうしたらよいか。このような問いに対して出した答えは、彼女自らが天皇に即位すること、そして、軽皇子が天皇となるまでの成長を見届けることであった。

ただ、それだけではない。その後の皇位継承にかかわる争いを未然に防ぐためには、どうしたらよいのか。これがなによりも持統天皇の解決すべき課題であった。この課題は、天武天皇の三点セットでもあったが、持統天皇は、みずからこの課題を解決しなければならないと思ったに違いない。彼女自身による三点セットの解決はどのようなものであったか。

黒作《くろづくり》懸佩《かけはき》刀《のたち》

持統天皇の答えの一つは、草壁皇子から文武天皇への皇位継承の保証となるものを示すことである。その一つが黒作懸佩刀である。

藤原京の時代は十六年と短いが、日本の歴史にとってとくに重要な出来事は、天武天皇（そして持統天皇）が六八一年の詔勅で示した三点セットの実現である。

黒作懸佩刀とは、藤原不比等の娘で聖武天皇の皇后となった藤原光明子、つまり光明皇后から東大寺の盧舎那仏に献納した遺品目録のなかに記録される太刀である。それによると、天武天皇の皇太子、草壁皇子が常に身に帯びていたが、その死に際して藤原不比等に賜り、不比等は軽皇子が文武天皇として即位したときにその太刀を献じた。さらに文武天皇が崩御したとき、再び不比等が賜り、後の聖武天皇に帰したというのである。

黒作懸佩刀は、二つの点で重要である。ひとつは、持統天皇と藤原不比等の関係についてである。皇太子草壁皇子がつねに身に着けていたという刀をその死に際して不比等に賜ったということであり、とは、それ以前に不比等と草壁皇子、さらには持統天皇とは深い関係にあったということ、あるいは、草壁皇子が立太子以前からそのような関係をもっていたということである。持統天皇はみずから即位したときにはすでに不比等と深くつながっていたのである。

黒作懸佩刀は、皇位継承者に引き継がれることになる。それをコントロールする責任者として藤原不比等が選ばれたということである。

では、これで皇位継承の根拠は明らかになったのだろうか。たしかに草壁皇子から引き継がれる黒作懸佩刀によって、そしてそれを引き継ぐ役割を果たす藤原不比等によって、持統天皇から文武天皇まで、あるいはそれ以降も藤原不比等が存命のかぎり、保証されるかもしれない。だが、その皇統が黒作懸佩刀によって引き継がれることを保証する根拠は何かと問われると、そこにはまだ疑問がある。この問いについては、皇位継承について深く関わった持統天皇と藤原不比等の深謀遠慮を考えなければならない。

ここで簡単に、持統天皇と藤原不比等の関係について見ておくことにしよう。

中大兄皇子と中臣鎌足による蘇我入鹿と蝦夷の殺害を実行したクーデター、乙巳の変は六四五年に起きた。その十四年後の六五九年に生まれたのが、中臣鎌足の次男、不比等であった。したがって、持統天皇と不比等には十四歳の差がある。父鎌足の死去のとき、天智天皇から藤原の姓を賜ったので、不比等も藤原の姓を名乗ることになった。十一歳のときである。その三年後、壬申の乱が起きた。不比等は近江朝に近い立場をとっていたので、政治の表舞台に出てきたのはそのずっと後である。『日本書紀』「持統紀」には、六八九(持統天皇三)年に「藤原史《ふひと》」の名があり、また、六九六(持統天皇十)年には、「藤原不比等」の名があるので、この間に「史」から

「不比等」に改名していることが分かる。「他に並ぶ者のない人物」という意味であるから、自分で名乗ったとは考えにくい。持統天皇から贈られた名にちがいない。持統天皇の治世に抜群の功績を挙げたことによるものと想像できる。

草壁皇子が死去したのは六八九年であるが、さきに述べた黒作懸佩刀のエピソードから、天武天皇の崩御と持統天皇の即位、そして、大津皇子の謀反の処断のときには、不比等は持統天皇と草壁皇子に非常に近い関係にあったと想像できる。このとき、持統天皇は四十五歳、不比等は三十一歳であった。

文武天皇の即位は、持統天皇の譲位によって成り立つが、不比等にはその擁立に功績が認められ、文武天皇の詔勅によって、藤原の姓が不比等の子どもたちに限定された。七〇八（和銅元）年には、大宝律令の完成に功績があり、右大臣に任じられ、実質的に最高権力者の地位を得る。

藤原不比等は、このように文武天皇、元明天皇、元正天皇の代に政治のトップにいた人物で、とくに、天武天皇の三点セット（これは持統天皇の三点セットでもあった）のうち、すでに述べた皇位継承のルール、国家の法治システムの整備の点で、最大の功績を挙げている。

律令とは何かというと、律は刑法、令は主として行政法、その他訴訟法、民事法も含む国家の基本となる成文法体系である。進んだ唐の国家体制を学びながら、日本にふさわしい法体系をつくることが求められたが、不比等の資質は、こうした国家システムの構築に多大な能力を発揮した。

天武天皇以前には、天智天皇の「近江令」があったといわれるが、天武天皇の詔勅は、それをさらに充実させることを目指した。その目的は、天智天皇の専制的な政治を引き継ぎ、政権中枢を皇子らで独占する皇親政治を盤石なものとすることである。国家の官僚システムも、天皇の支配下に置くことを目的としていたと思われる。それは、ちょうど中国の皇帝と律令制の関係のようなものであった。

律令整備は、ひとまず飛鳥浄御原令として、令だけが六八九年に発布された。これは持統天皇とともに律令整備を行っていた草壁皇子が死去した年である。おそらく不比等も飛鳥浄御原令の整備に携わっていたであろう。

その後、三点セットのうちのもう一つの柱である史書の編纂では、『古事記』は、七一二年、元明天皇に献上された。藤原不比等が右大臣在任中のことである。また、『日本書紀』は、七二〇年、不比等死去の直前に元正天皇に献上されている。ということで、どちらの史書についても、持統天皇在位中は持統天皇とともに、持統天皇崩御ののちは不比等が内容をチェックしていたであろうと想像できるのである。

天武天皇は、飛鳥京時代に都を移す事業を企図していたが、在世中には実現しなかった。一時中断していた藤原京建設は、持統天皇によって再開される。遷都が行われたのは、天武天皇の没後、八年が経った六九四年であった。

遺跡として整備された藤原京の大極殿跡に立って南を望むと、やや東方に大和三山のひとつ、香具山がその美しい姿を見せる。皇位を継承した聡明で大望を抱く天皇の高揚した気分が想像できる。

その香具山を詠ったのが持統天皇のつぎの有名な歌である。

春過ぎて夏来たるらし白たへの衣ほしたり天の香具山

壬申の乱の折、大海人皇子、のちの天武天皇は、漢の高祖劉邦に憧れて、赤旗を掲げていたという。最晩年、年号を朱鳥としたのも、赤色へのこだわりである。赤は天武天皇の色である。いま季節は春が終わり、夏の初めである。春は青、夏は赤、秋は白、冬は黒であるから、これから季節は青から赤に向かおうとしている。しかし、真っ白な衣が干してある。赤の時代である天武天皇の治世が終わった。赤の時代から白の時代に変わったのだ。持統天皇の面目躍如たる歌いぶりである。

その香具山であるが、アマテラスの社は、藤原宮大極殿から見ると、裏側にあたる天岩戸神社である。頂上には、國常立《くにとこたち》神社が鎮座する。祭神は國常立命で、創造神である。もっとも重要な社と思われるのは、大極殿に対面する天香山《あまのかぐやま》神社で、祭神は櫛真智命《くしまちのみこと》である。

南東の香具山に対し、晴れた夕暮れ時に、はるか西方に浮かび上がるのが二上山である。天皇即位の気持ちを高める香具山と比べると、ずいぶん小さく見えるが、夕方にはシルエットになって、その双耳峰の山容が印象的である。

二上山上には、大津皇子のものとされる墓がある。一説には麓の古墳が皇子の墓ともいわれる。どちらにしても二上山は、大津皇子を思い出させる山である。さらに、大津皇子が自身の運命を予感したときに伊勢の斎宮であった姉、大来皇女《おおくのひめみこ》に会いに行った話も残っていて、歌が『万葉集』に残されている。大津皇子の屍が殯宮《もがりのみや》から二上山に移し葬られたときの歌のひとつであるという。

藤原宮大極殿跡から望む香具山。手前の黒い小高い山である

うつそみの人にある我や明日よりは二上山を
兄弟《いろせ》とわが見む

愛する弟を失った悲しみを詠った歌で、生身の人間であるわたしは、明日からは、二上山を弟と見るのだろうかという意味である。

第十四章

前例としての日本神話

平城京の通勤路

神々の系譜と古代史の趨勢を考えながら奈良を訪れたのは、寒さのなかに穏やかな日がさす一日であった。大和西大寺駅から東に少し歩くと平城京跡に入ることができる。

平城京は奈良盆地の広大な地域に広がるが、中心となるのは平城宮である。平城宮跡に再建された大極殿に上ると、広大な京城を見晴らすことができる。南には朱雀門も再建されている。国営公園事業で、長い年月をかけて整備されているということであった。

平城宮跡を訪ねることには、一つ目的があった。『日本書紀』が完成した七二〇（養老四）年八月三日に、藤原不比等が亡くなった。『続日本紀』には、つぎのように記録されている。

この日、右大臣正二位の藤原朝臣不比等が薨《こう》じた。帝はこれを深く悼み惜しまれた。そのために政務を行わず、内殿で悲しみの声をあげる礼を行い、特にありがたい詔があった。贈り物の礼は、群臣と異なっていた。大臣は近江朝廷の内大臣・大織冠であった鎌足の第二子である。帝とは元正天皇である。その後、十月二十三日の記録にはつぎのようにある。

天皇は詔をして大納言・正三位の長屋王と中納言正四位下の大伴宿禰旅人を遣わして、不比等の邸で、詔を伝えさせ、太政大臣正一位を贈られた。

平城京訪問の目的は、藤原不比等の邸宅であった法華寺《ほっけじ》を訪れることであった。長屋王と大伴旅人が歩いた道、平城京大極殿から法華寺までの、最高権力者の通勤路を追体験しようと思ったのである。

平城宮の最北にそびえる大極殿から東に歩くと、内裏、朝堂院の趾がある。朝堂院は官僚が政務に従事する庁舎であった。大極殿と朝堂院、官衙《かんが》の間に位置するのが天皇の居所、内裏である。さらに東に向かうと、不比等の邸宅のあったところに至る。現在の法華寺である。

持統天皇は、草壁皇子を皇位継承者と期待していたが夭逝したために、みずから即位し、その後、草壁皇子の子、軽皇子が文武天皇として即位した。その文武天皇も若くして亡くなったので、まだ幼い文武天皇の子、首皇子《おびとのみこ》に皇位を継がせるための中継ぎになったのが草壁皇子の妃で、元明天皇となった。元明天皇は、さらに娘の元正天皇に譲位した。元正天皇から皇位を継承したのが首皇子、聖武天皇である。

こうした皇位の継承と足並みをそろえるように、不比等は、賀茂比売との間に生まれた長女、宮子を持統天皇の孫である文武天皇の夫人とし、さらに、後妻である県犬養三千代《あがたのいぬかいのみちよ》との間に生まれた光明子を聖武天皇の夫人としている。日本の歴史を理解するもっとも重要な要素の一つは外戚の存在であるが、外戚を独占するシステムを構築した不比等の戦略は、文武天皇、聖武天皇という二人の天皇に嫁がせたことに由来するもので、こうして天皇家の血統には、不比等の血が色濃く混じることになった。

血の近さだけではない。不比等の邸宅跡は、平城宮に隣接した微高地にあった。平城宮の地理を見ると、東側はやや高くて水はけがよく、南西が低くなっていて、水はけがわるい。古代においても平城京の造成は難工事であったというが、不比等邸は立地の面でも一等地であった。中央官庁への登庁・退庁には至便の地で、大極殿までは徒歩で十五分ほどである。不比等にとっては、入内させた二人の娘と二人の孫が暮らすことになった内裏に沿う通勤路である。不比等の満面の笑みが目に浮かぶようである。

不比等が亡くなると、元正天皇は、その功績に対し、最高位を与えた。太政大臣・正一位である。陰の最高実力者は、名実ともに、律令制下での最高権力者としてその名を後世に残したことになる。

「太政大臣・正一位」を贈るために遣わした大伴旅人は、同じ年、朝廷に従わなかった南九州の隼人征伐の指揮をとり、征圧にほぼ成功した。九州完全征圧のニュースを期待しつつ、『日本書紀』の完成を見届けて、不比等は息を引き取ったことになる。不比等の訃報を聞いて、旅人は命じられて都に急ぎ戻った。

大伴旅人と不比等宅へ同行した長屋王は、不比等が近侍した天武天皇の子、高市皇子の長男で、その優秀さから将来を期待されたが、七二九（天平元）年、不比等の子どもたちの陰謀といわれる長屋王の変で自殺した。

長屋王は、皇室以外の女性が皇后の位につくことに反対であったが、長屋王が滅んだことで抵抗勢力がなくなり、やがて、光明子は「皇后」の称号をゆるされることになる。

光明皇后は、不比等の死後、父不比等、母三千代と暮らした邸宅を皇后宮とし、のちに、行基によって得度して、法華滅罪之寺とし、また、聖武天皇の国分寺にならって、国分尼寺を統べる総国分尼寺とした。これが現在の法華寺である。

長屋王の変ののち、藤原氏をめぐる政治権力の闘争は、血なまぐさい出来事を引き起こす。三千代の子、橘諸兄の子である橘奈良麻呂の乱、藤原武智麻呂の次男の藤原仲麻呂の乱とつづき、七一〇年に遷都した平城京は、わずか七十年ほどののちに、長岡京へと遷り、その時代を終えることになる。

高天原の誓約と「不改常典《かわるまじきつねののり》」

藤原不比等が娘の宮子と光明子を二代の天皇に嫁がせ、聖武天皇の外祖父となった図式は、日向神話で龍宮の王、ワタツミが二人の娘、トヨタマヒメとタマヨリヒメをヒコホホデミ（山幸彦）とウガヤフキアエズの二代の神に嫁がせて、二代の神の外祖父となったことに重なる。これについては、天皇家と藤原家の関係を移して神話に仕立てた、神話を捏造したという解釈もありうる。だが、不比等であれば、そうはいわないであろう。不比等が二人の娘を入内させたから、それに合わせて神話をつくったのではない。神話はたんに現実の写しではない。むしろ重要なのは、神話で語られる神々の振る舞いは、不比等の振る舞いの前例であるということである。すなわち前例としての日本神話である。

同様に、天皇の系譜の妥当性も神話を前例としているのでなければならない。そうでなければ、皇統の根拠づけにはならないであろう。

そう考えると、アマテラスからオシホミミ、さらに、ニニギ、ヒコホホデミ、ウガヤフキアエズ、カムヤマトイワレビコ（神武天皇）までの系譜は、持統天皇、草壁皇子、文武天皇、元明天皇、元正天皇から聖武天皇までとぴったり重なる。

天孫降臨では、アマテラスによる地上支配の命を受けたのは子のオシホミミではなく、孫のニニギである。同様に、本来草壁皇子が皇位につくべきところを実際に継承したのは文武天皇である。では、元明天皇と元正天皇が女帝である点はどうか。ヒコホホデミとウガヤフキアエズの物語では、どちらかというと引き継ぎ役は男神であり、物語のポイントは、龍宮の姉妹、トヨタマヒメとタマヨリヒメである。神話の世界にも二代にわたって外祖父になった例がある。だから、藤原不比等が二代の天皇の外祖父になってもよい。その根拠が神話である。

　では、アマテラスとスサノオの関係は何の前例になるのだろうか。その答えは、藤原京から平城京に遷ってからの一つのエピソードの中にある。

　持統天皇は、六九七年に皇位を文武天皇に譲ってのち、七〇二年に崩御する。その後、文武天皇が若くして七〇七年に亡くなったとき、草壁皇子の妃であった阿《あ》陪皇女《へのひめみこ》が天皇として即位する。元明天皇である。

　元明天皇は、とても複雑な関係であるが、天智天皇の第四皇女で、母は蘇我倉山田石川麻呂の娘の姪娘《めいのいらつめ》である。持統天皇は父方では異母姉、母方では従姉で、夫の母であるため姑にもあたる。大友皇子はその異母兄である。加えて、天武天皇と持統天皇の子の草壁皇子の正妃であり、文武天皇と元正天皇の母である。文武天皇の皇子、首皇子（のちの聖武天皇）が幼少であったので、中継ぎとしての即位である。『日本書紀』につづく歴史書『続日本紀』には、即位の詔勅があって、つぎのような言葉が記されている。

　現神《あきつかみ》として大八洲御《おおやしまぐにしらしめす》　宇倭根子　天　皇《やまとねこのすめらのみこと》（元明天皇）が詔として勅《の》りたまう御言葉を親王・諸

王・諸臣・百官の人たち及び天下の公民は、皆聞きたまえと申し述べる。

口にいうのも恐れ多い藤原宮で天下を統治された持統天皇は、丁酉《ひのととり》の八月に、統治される天下を治めてゆく業を、草壁皇子の嫡子でいままで天下を治めてこられた天皇（文武）にお授けになり、太上天皇となられて、二人ならんでこの天下を治め、諧《ととの》えられた。これは、口にいうのも恐れ多い近江の大津宮で、天下を統治された天智天皇が、天地と共に長く、日月と共に遠くまで、不改常典として、定められ実施された法をお受けになって、行われることであると皆が受け取り、かしこみ仕えきたと詔《の》りたまう御言葉を皆うけたまわれと申し述べる。


『日本書紀』には、天智天皇が不改常典を述べたという記録はなく、この詔勅に突然現れるが、この不改常典は、天智天皇が実施したルールを持統天皇が受け継いだものだという。嫡系男子の皇位継承を定めたものとされるのであるが、後を継いだ持統天皇が文武天皇に位を譲ったことの根拠がこのルールであるとすれば、そして、そのルールを元明天皇が引き継いでいるとすれば、天智天皇から天武天皇への兄弟間の皇位継承を否定しているようにも見える。つまり、このルールによれば、天智天皇から天武天皇への皇位継承の妥当性を否定して、天智天皇からの皇統は、持統天皇を経て、文武天皇につながっていることになる。

では、このようなルールの前例はどこかにあるのだろうか。神話ではどうか。

皇統はアマテラスに始まっている。どうしても気になるのは、どうして男系の万系一世が女性から始まらなければならなかったのかということである。しかもアマテラスは独身だったのではないか。

アマテラスとスサノオは、イザナギから生まれたから姉弟の関係になっているが、ふたりの間でのトラブル解決のために、誓約に基づいて、八柱の神々を生むのであるから、夫婦の関係にあるとも取れる。

神話では、アマテラスとスサノオは、それぞれの持ち物を交換して、子どもを生む。アマテラスは、スサノオの剣を三段に折って、三柱の女神を生み、スサノオはアマテラスの勾玉から五柱の男神を生んだ。『古事記』では、スサノオは清らかな女の子が自分の剣から生まれたのだからと勝ち誇って乱暴するが、『日本書紀』では、スサノオは、「男を生んだ方が勝ちだ」という条件を出している。やはりスサノオは男子を生み出し、アマテラスによって女子を与えられるのである。そのほかに、子を生むとき、アマテラスが自分の勾玉から男の子を生み、スサノオが自分の剣から女の子を生んだという伝承など、三つの説も併せて記載されている。

とにかく、アマテラスは、男の子を手に入れ、スサノオに女の子をわたす。この三女神は、九州の宗像《むなかた》大社の三女神である。また、スサノオは暴れて追放される。

『古事記』『日本書紀』に記載される誓いの神話の二本の柱は、要するに、スサノオが乱暴を働いて高天原から追放されるということと、アマテラスが皇祖となって男子の系統を得るということである。

『古事記』『日本書紀』のどちらの誓いの神話でも、キーワードは、アマテラスが男子を「わたしのもの」として得る根拠としての、「物実《ものざね》」、あるいは「物根《ものざね》」である。「ものざね」とは、「もののたね」のことで、そこからものが生まれ出る根源ということである。スサノオが生んだ男の子の種はもともとアマテラスのものだったので、生まれた男の子はアマテラスの子だというのである。

これを前例として持統天皇と天武天皇に重ねると、草壁皇子は天武天皇の男子であるが、じつは持統天皇がもっていた「物実」から生まれたことになる。生まれた男の子は自分のもっていた種の子だということである。もしそうなら、持統天皇は、草壁皇子を天武天皇の系統ではなく、持統天皇から始まる独自の系統に位置づけたことになる。アマテラスの物語は、持統天皇から始まる皇統の前例としての神話になっている。

ちなみに、江戸時代の国学者、本居宣長は、主著『古事記伝』のなかで同様の解釈を示している。

物実は毛能邪泥《ものざね》と訓《よむ》べし。書紀には物根《ものざね》とあり。佐泥《さね》と多泥《たね》とは、其の物も名も通へり。後の世にも人の母を云には其の腹《はら》、父を云には其の種《たね》と云ふ。木草の種子《たね》も同じ。此《ここ》も其の意なり。

この解釈によれば、物実は種であり、後世には母親を腹といい、父親を種というように、アマテラスがいわば父であり、スサノオが母のようだというのである。誓約は、男性と女性の交換の儀式、父性と母性の交換の儀式ということになる。

以上の解釈を持統天皇に当てはめてみると、草壁皇子の種は、天武天皇のものではなく、持統天皇のものであるということになる。いわば草壁皇子の父は、持統天皇ということになる。

あるいは、神々の正統な系譜は、イザナギから直接女神アマテラスがオシホミミにつないだということになるのであるから、草壁皇子の種は、天武天皇のものではなく、天智天皇から持統天皇が受け継いだものということになるだろうか。草壁皇子は、天智天皇に持統天皇を通して直接つながり、そして、文武天皇から元明天皇、元正天皇を経て、聖武天皇に至る。ただし、アマテラスの男子の髪型、角髪にまかれた玉の由来は書かれていないので、いま述べたことは解釈しすぎのようにも思える。

いろいろ考察を重ねてきたが、ここで本書の最初の問いを思い出してみよう。完全戦闘モードのアマテラスがスサノオの乱暴を見て、なぜ恐れをなして戦わずに洞窟に身を隠してしまったのか。神話の編纂者たちは、なぜこの明らかにちぐはぐなストーリーに気づかなかったのか、あるいはあえて放っておいたのか、という問いである。

わたしの答えはこうである。記紀の編纂者たちの関心は、スサノオとアマテラスの間に誓約があったということ、誓約ののちにスサノオが乱暴を働いて高天原から追放されるということ、そしてなによりも、男装し雄叫びをあげるアマテラスが角髪に結った玉という物実から男子を得るということにあったのである。戦いがあろうがなかろうが、勝敗の帰趨がどうであろうが、どうでもよかったのだ、ということである。

なぜ草薙剣は天武天皇に祟ったか

天智天皇は、皇統の後継者としていったん大海人皇子を皇太弟に指名したが、自身の子、大友皇子が優秀であることから皇位を大友皇子に変更しようとした。これを機に反乱を起こしたのが大海人皇子であった。わたしは以前からこの乱を「壬申の乱」ということに違和感をもっていたのだが、「不改常典」からいえば、まさしく「乱」であった。スサノオが高天原を蹂躙し、地上では、天武天皇が皇統を混乱させた。天智天皇の意思に即して皇統を正常化したのが持統天皇である。高天原ではアマテラスの岩戸開きであるが、これを演出したのは、オモイカネであった。とすれば、持統天皇の即位を支えた前例は、アマテラスを支えたオモイカネである。アマテラスとオモイカネの信頼関係こそ、持統天皇と藤原不比等の前例であった。

これまでの考察からいえることは、誓いと物実の物語こそ、持統天皇と藤原不比等によって構想された日本国家の根幹を形成する物語、かれらがそれになぞって国づくりを実現した前例である。

こうして、先に述べた日本国家のアイデンティティを支える三本の柱は、黒作懸佩刀と不改常典、そして神話から連なる歴史書の編纂が一体になって完成する。

では、草薙剣はなぜ天武天皇に祟ったのか。ひとまずわたしが考える理由はこうである。この剣こそ天武天皇に力を与えている象徴であった。これを天武天皇から引き離したいというのが持統天皇の気持ちであったろう。万が一、天武天皇が剣を大津皇子に与えたら、どういうことになっただろうか。

ということで、持統天皇は、わざわざ占って剣の祟りという答えを出し、剣を遠ざけたのである。すると、高天原からスサノオを追放したことが前例となる。スサノオは天皇家につづく神々の系譜から排除された。同様に、天武天皇も嫡系男子相続原理による皇統から外れることになった。イザナギから命じられたアマテラスが高天原を支配し、その孫のニニギが地上を支配したように、天智天皇の皇女、持統天皇が確立した支配体制を孫の文武天皇が継承したのである。

だが、本当に草薙剣が祟って、天武天皇が病に斃《たお》れたかどうかということになると真相は分からない。理由は何も書かれていないからである。

ただし、なおも疑問は残る。草薙剣は、三種の神器の一つとして皇室に祀られていたのではなかったか。平安時代末の天台座主《てんだいざす》慈円《じえん》は、日本の歴史哲学第一の書といわれる『愚管抄《ぐかんしょう》』で、日本の歴史が藤原氏を中心とする貴族政治から武家政治へと転換してゆく「道理」の説を展開したが、天皇家に伝わっていた草薙剣が壇ノ浦で安徳天皇とともに沈んでしまい、失われてしまったことについて、これからは武士が剣となって天皇家を守る時代になるのだと述べた。ということは、熱田神宮に送ったという剣は、いつか皇室に戻っていて、それが壇ノ浦で失われたということだろうか。

第十五章

古代からの伝言——危機の時代のリスクマネジメント

出雲の神々はなぜ生き残ったか

飛鳥京から藤原京、そして平城京まで、神話を軸にしてたどってきた神話から歴史への道であったが、最後に、旅のなかで浮かんだ疑問に、ひとまずの答えを出しておこう。まず、なぜ出雲の神々は生き残ったかという問い。

わたしが日本の各地で対立・紛争の渦中にある公共事業の当事者として従事し、行政と住民、行政機関間、住民どうしの社会的合意形成の実現に努力しながら、その場に身をおいて見た風景から読み取ったのは、長い歴史を経ても生き続けている日本の神々であった。とりわけ大和政権が信仰したアマテラスの圧力にも屈せずに風景のなかに厳然として存在しつづける出雲の神々である。オロチを退治したスサノオは、人々の自然への畏敬と荒ぶる猛威に対する備えとして、治水の要衝に人々の願いとともに鎮座している。

斐伊川の治水の仕事では、大橋川の狭窄部に鎮座する多賀神社の社叢を切り倒そうという計画があった。そのとき、わたしは、「そんなことをしたら治水の神の怒りを買いますよ」と言った。水にかかわる社や石碑を動かしてはならない。なぜなら、人々がそこに神を招いたのは、その地形や風景に危機の予兆を見る力があったからである。リスクをはらむ風景の改変は、そのリスクを現実のものにしてしまう。リスクをもたらし、また防ぐ神の存在は、かりにファンタジーであるとしても、そのファンタジーを信じる人々の心のなかに生きていて、世代を超えて継承される。そのような心が向かう神の依り代、つまり、社はいまも風景のなかに存在しつづけるのである。

風景だけではない。無病息災を祈る祭礼は、祇園祭として、日本中の神社で六月の終わりから七月にかけて行われる。無病息災を祈る祭礼の熱狂は疫病の感染を助長するように思われるかもしれない。たしかにそうである。だが、無病息災を祈るのは、疫病の災禍に苦しむときではない。むしろ災禍のないとき、平穏無事なときにこそ無病息災を祈る祭は意味をもつのである。なぜなら、この祭はリスクに備える心を育む社会的慣習であり、文化的装置だからである。これから災害が多発し、災害に伴う感染症のリスクが到来する季節に備えて、人々が心構えを確認する機会である。

祇園祭では、武塔神として現れたスサノオが立ち去るとき、蘇民将来にアドバイスした茅の輪に由来する行為を行う。境内につくられた大きな茅の輪をくぐる。小さな茅の輪のお守りを置く神社もある。茅の輪の由来と意味を知る者は、祇園祭の意味を知り、これから到来する梅雨末期の大雨や台風の猛威を恐れ、その襲来に備えるのである。茅の輪こそ「おそれとそなえ」のシンボルである。

祟りのもつ意味

出雲神話とその後の歴史に現れる神々の物語には、もう一つの「おそれとそなえ」が隠れている。出雲の神々への信仰が内包する「おそれとそなえ」は、どんなときにも危機を忘れてはならないという思想である。国譲りで日本の国を大和政権に譲ったオオクニヌシ、その幸魂であるオオモノヌシは、祟る神でもあった。こうした神々のことを忘れるならば、恐ろしいことが起こるという思想をも『日本書紀』の編纂者たちは書き残した。国土の支配を手にした大和政権が出雲の神々を抹殺しなかったのは、「おそれとそなえ」を忘れてはならないという、もう一つの「おそれとそなえ」があったからである。

出雲の神に祟られるということには、天皇がおそれ、そなえなければならないことがあるという思想を含んでいる。「おそれとそなえ」の忘却と喪失こそ、そのこと自体が恐ろしい事態をもたらすという思想である。本当の危機とは危機意識の喪失・欠落という事態である。このことは、天皇が神と位置づけられたのちも存続した。というよりも、国のリーダーとなる天皇だからこそ、忘れてはならないこととして存続してきたのだと思う。

出雲の神々は、『古事記』『日本書紀』を編纂していた当時、古代日本の国土にすでに鎮座していた。しかも、多くの天皇が出雲の神々を祀り、祈っている。それにもかかわらず、アマテラスとスサノオの誓約とスサノオの追放、オオクニヌシの国譲りは、出雲の神々を神話の脇に置くためのストーリーとなっている。出雲の神々の神話を退場させたのは、アマテラスを皇祖とする前例としての神話に主軸を移した持統天皇と藤原不比等によるものと考えられる。その目的は、たんに自分たちの利益誘導のために神話を捏造したということではなく、日本という国のアイデンティティを構成する三点セットの確立であった。

現代の日本の風土を見て思うのは、「国譲り」にもかかわらず、古代からいまもなお出雲の神々は、日本の国土を守り、豊かさを支える主人公であり続けているということである。

それだけではない。いま地球温暖化、自然災害の巨大化に直面するわたしたちに教訓を与えている。それは、出雲の神々は、自然災害のリスクにいつも備えよ、という忠告である。なぜなら、人間にとっての幸福の基盤は、「無病息災」にあるからである。自然災害の予兆があるときには、つねに「そなえ」の心が必要である。危機のとき、自分のことだけを考える者は、自分だけでなく、自分の一族、あるいはすべての人々を滅ぼす者である。自分だけ生き残ることはできない。みんなで一緒に生き残ることに努力しない者は、みな滅びる者だ。これがスサノオの蘇民将来伝説の教訓である。

権力と権威の不即不離

皇統の由来を示す神話と歴史の編纂、両者の軸にある権威の継承者である皇位継承のルール、天皇も従わなければならない法治システム（とくに政治・行政のルールを定める「令」）の三点セットの整備こそ、天武天皇が命じたものであったが、その内容は持統天皇がすでに構想していたものでもあったろう。

天皇という存在をアマテラスからの血統にもとづく系譜によって正当化することがまず第一点、そのアマテラスから神武天皇までの物語によって、外戚の存在を明確化するという目的を『日本書紀』の神話は見事になしとげた。こうして、持統天皇は、天皇のもつ権威の正当化を実現した。さらに、律令制整備のリーダーであった藤原不比等は、飛鳥浄御原令から大宝律令、さらにその先の法治システムの整備の責任者としてリーダーシップを取り、藤原氏がこのシステムの中枢を担う役割をもつことを明確にした。

持統天皇と藤原不比等は、権力が時として暴力化するということを知っていたに違いない。隋の煬帝はたった二代で国を滅ぼし、大和政権が援助した百済最後の義慈王（五九九〜六六〇年）は、晩年、酒色におぼれて国を失った。漢の建国者、高祖劉邦の妻の呂后、清朝末期の西太后と並ぶ中国三大悪女の一人といわれるのが、中国唯一の女帝、武則天（六二四〜七〇五年）である。持統天皇（六四五〜七〇二年）と藤原不比等（六五九〜七二〇年）とは同時代の人であり、皇帝に即位した六九〇年は、持統天皇が即位したのと同じ年であった。持統天皇と不比等は、こうした国際情勢の情報をしっかりと得ていたであろう。

権力の濫用を防ぐにはどうしたらよいか。権威と権力の分離を図った持統天皇と藤原不比等が実現しようとしたのは、権力を統制するルール、つまり、法治国家システムの実現である。かれらが目指した体制のモデルは、中国の律令制度である。大和政権は、律令制と天皇制を調和させたといわれる。それは権威と権力の分離と法治システムの導入で、二人が力を合わせて努力したのは、この二本の柱の相即を理想とする「日本」という新たな国家のアイデンティティの確立であった。

以上のことが、わたしの心に浮かんだ残る疑問、暴虐な天皇の記述についての答えとなる。雄略天皇や武烈天皇のように「自分の心だけを師とするリーダー」は常軌を逸脱することがある。だから天皇も従うべきルールというものがなければならない。このことの必要性を為政者に認識させるために、記紀の編纂者たちは、あえて暴虐な天皇の記述を残したのである。

このことを示す逸話がある。「令和」という年号の典拠になった大伴旅人の歌会のちょうど一年前、平城京では、長屋王の事件が起きた。陰謀によって長屋王一家が非業の最期を迎えたときである。

その五年前のことである。『続日本紀』によると、聖武天皇は七二四（神亀元）年二月四日、元正天皇の禅譲によって天皇に即位した。同じ日に、右大臣従二位の長屋王を左大臣正二位に任じた。官僚システムでトップの位である。

そのわずか二日後のことである。同じ『続日本紀』には、つぎのようにある。

二月六日、天皇は勅《みことのり》して正一位の藤原夫人《ぶにん》を尊び、大夫人《おおきさき》と称することにした。

その一ヶ月あまりのちの三月二十二日に、長屋王は、つぎのように奏上した。

うやうやしく今年二月四日の勅を拝見しますと、藤原夫人を大夫人と称するようにとあります。しかし、わたしたちが謹んで公式令を調べてみますと、「皇太夫人」と称することになっています。さきごろの勅によるならば、「皇」の字を失うことになって、令の文を用いようとすると、違勅となることを畏れます。いかに定めればよいのかわかりませんので、伏してご指示を仰ぎたいと思います。

すると、聖武天皇はつぎのように詔を出したという。

文書に記す場合には、「皇太夫人」とし、口頭では、大御祖《おおみおや》とし、先の勅での「大夫人」の号を撤回して、後の名号である「皇太夫人と大御祖」を天下に適用させなさい。

長屋王の奏言と聖武天皇の対応は、天皇であっても、律令というルールに従わなければならなかった実例とされる。天皇は法治システムを超越する存在ではなく、あくまでそのルール制度に従うべき存在であった。

この点が重要なのは、日本の統治システムでは、中国の皇帝のように律令という法治システムを超越する存在ではなく、たとえ神として君臨する天皇であっても、ルールに従わなければならないということを示しているからである。このことを奏上したのが、長屋王であったという点も重要である。長屋王の父は、天武天皇の長男の高市皇子、母は天智天皇の皇女の御名部皇女《みなべのひめみこ》(元明天皇の同母姉)であったから、天皇の系譜に近く、しかも左大臣という地位での発言ということで、天皇の権威と律令システムの権力構造の両方を掌握できる立場にあった。そのときの発言だからである。

権力と権威の未分状態は、権力の濫用と暴虐を許容してしまう。権力をもつものが服すべき法治構造の確立を実現するにはどうすればよいか。天皇制を持続的にコントロールするには、官僚法治システムが不可欠であるという認識こそ、暴虐な天皇の記述を残した理由であったと思う。律令システムの存在しない時であれば、こういうこともあったのだ、とわざわざ示しているのである。もしそうだとすれば、『古事記』と『日本書紀』の神話と歴史は、天皇の権威を正当化するということだけでなく、権威と権力の一体化を回避し、しかも相即の関係にすることを目指したのである。

持統天皇と藤原不比等が目指した国家・政治体制がもしこのようなものであったとすれば、これは現代の象徴天皇制に近い。ただ、重要な違いは、アマテラスという至高の女神の系統を引き継ぐのが持統天皇からの皇統であるという点である。

日本の歴史のなかで、藤原氏の権力も天皇の権威もつねに律令制という法治システムの制約のうちにあった。平安時代に栄えた藤原氏のなかでもっとも大きな権力を握った藤原道長は、不比等が二人の娘を天皇に嫁がせたように、二人の娘を皇后の位につけることに成功した。道長の歌、

この世をばわが世とぞ思ふ望月の欠けたることもなしと思へば

は有名である。ただし、道長がその強大な権力を縦横にふるったかといえば、実際はそうではなかったようである。その人生は政権の事務手続きに明け暮れる超多忙な官僚生活であったという。

危機にそなえて

江戸時代の終わりに徳川慶喜は、「大政奉還」という形で政治的権力を天皇に返還するというイベントを行った。武家政権が革命政権であったかどうかという論争の存在にもかかわらず、慶

喜は、政治的権力が天皇から委任されたものであることを天下に宣言し、これにより幕府の権力は天皇という権威をもつ存在に統合されることになった。明治維新こそ、持統天皇と藤原不比等の国家戦略を破棄した出来事だったのである。

「王政復古」といわれるとき、王政とは持統・藤原政権よりも以前の天智天皇と天武天皇政権の時代を指している。権力と権威を一体としてしまうと、権力の暴走を許容してしまうという持統天皇と藤原不比等の危惧のとおり、文武両道にいそしんだ武士たちとは異なる者たちが権力に寄ってゆく。明治から昭和にかけて天皇の権力は軍部に左右されるようになり、戦争への道をつき進むことになった。

明治時代は、近代化の達成という目標のために、日本の神々を大規模な再編に導いた。その最大の出来事が神仏分離と神社合祀である。古代から長い共存の道を歩んできた仏教と神道は、偏狭な近代主義と近代的国家神道礼賛の融合によって日本の風景を根幹から変えてしまい、その奥深い意味は見えなくなった。

廃仏毀釈では、膨大な数の寺院が破壊された。神社合祀でもまた、数えきれない社殿が破壊され、統合されていった。その過程で、祟りや病、あるいは性的な意味合いをもつ社や神事も風景の表舞台から排除された。スサノオと同神とされた牛頭天王の名も、神社を「天王さん」あるいは「祇園さん」と呼ぶ地域の習慣も禁止され、あるいは、風景から抹殺された。スサノオが疫病神であるという信仰も人々の心から消えていった。

いま世界は混迷のなかにあり、国家のリーダー像が改めて問われている。「わが心を師」とするリーダーたちが跋扈するなか、日本は、どのように国のアイデンティティを保つべきなのだろうか。持続天皇と藤原不比等がわたしたちに教えているのは、権威と権力をひとまず分離し、両者が独立性を維持しながら、不即不離を維持していくことである。「不即不離の関係」をいかに持続するかということこそ、国家の存続の条件だという思想、この思想を語る言葉こそ、いま耳を傾けるべき古代からの伝言である。

あとがき

地球規模の自然災害がもたらす人々の間の対立と紛争が一つ、権力と権威の集中によるリーダーの暴走がもたらす国内・国外での対立と紛争がもう一つ。この二つがいまわたしたちの社会が直面する巨大リスクである。

本書を書き上げて思い至るのは、現代の世界情勢を見ながら、古代日本の七世紀に国の形を定めた人々が何を考え、何を表現し、何を後世に伝えようとしたかということである。その思いには、現代に通じる大事なものが見え隠れする。

『古事記』『日本書紀』に記載される神々の物語では、天皇の権威の根拠づけとこれに並ぶ法治国家システムの構築の緊急性という状況のなか、神々から血統にもとづく皇統の正当化がなされた。日本の政治システムの根幹が形成され、日本神話と歴史が編纂されてゆく天智天皇・天武天皇の時代にも出雲の神々は大きな力をもち、人々の深い信仰のもとにあったが、それが大転換したのは、持統天皇の時代である。持統天皇と彼女を支える藤原不比等は、ちょうどアマテラスから始まる神々の系譜を前例とするように、持統天皇からスタートする皇統の理論化につとめた。

高千穂・日向から大和への神話・歴史の系統は、持統天皇から始まる新たな系譜の前例として形成されたのである。

どうして血統による系統の正当化が必要であったかといえば、当時の東アジア情勢のなか、「日本」という名のもとに国家のアイデンティティを確立することが必要だったからである。しかも、中国の唐のように皇帝の絶対的な権力を固定化するのではなく、権威と権力を併せもちながら、暴君の独走をゆるさない国家体制の整備が不可欠であった。持統天皇は、天智天皇と天武天皇が目指した天皇による独裁的な、あるいは専制的な国家体制をそのまま継承しようとはしなかった。父、天智天皇、叔父にして夫であった天武天皇の時代に起きた内乱や謀反によって多くの血が流されたことを踏まえて、血統による権威の継承と法治システムによる権力のコントロール、国家の起源にかかわる神話と歴史の編纂の三本の柱による国の形、アイデンティティを定めようとしたのである。

天智天皇が政治の中心に躍り出たのは、乙巳の変の年、六四五年であった。この年に生まれたのが鸕野讃良皇女である。天智天皇が鸕野讃良皇女を大海人皇子に嫁がせたのは、皇太弟として後継を期待した大海人皇子の皇后として、もしかすると、天皇になることもありうると想定してのことだったに違いない。天智天皇は彼女に帝王学を授けたとも想像される。父、天智天皇が崩御したあと、壬申の乱が起きたとき、彼女は天武天皇に従い、勝利して、皇后となった。六七二年、二十八歳のときである。天武天皇の崩御に際して、称制してリーダーとなり、みずから天皇に即位した。六八六年、四十二歳である。そののち、孫の文武天皇に皇位を禅譲した。『日本書紀』は、その禅譲で終わっている。六九七年、五十三歳のときである。しかし、その後も、太上天皇として君臨しつづけて、七〇二年、その生涯を終えた。皇后時代、称制時代、天皇・太上天皇時代のすべてを合わせると、政治のリーダーシップをとった三十年であった。

『日本書紀』の白眉は、なんといっても天智紀、天武紀、持統紀である。この激動の時代を生き抜いたのが持統天皇である。編纂者たちは、持統天皇に直接インタビューしながら、時代の記録を残そうとしたに違いない。人生を振り返りつつ語る天皇の気持ちはどのようなものだっただろうか。当然、もっとも信頼のおける側近、藤原不比等も耳を傾けたであろう。それどころか、二人が親しく政治に携わるようになってからのことも、お互いに記憶をたどり、確認しつつ、記録させたとも想像できる。神々の物語の編纂中に交わされた二人の親しい会話が聞こえてくるようである。

天武天皇が吉野に去ったとき、「虎に翼を着けて放った」と誰かが言ったと記録にあるが、そのことばは、もしかすると、天武紀をチェックしていた持統天皇と不比等がふと漏らしたことばだったかもしれない。「春すぎて」と、朱の季節ではなく、白の時代になったことを詠った持統天皇である。白は白虎。もちろん白虎は持統天皇である。飛鳥資料館を見学したとき、キトラ古墳の展示があった。キトラ古墳は、持統天皇の時代に作られている。壁画の白虎を持統天皇も見ただろうか。その壁画の白虎には翼が二つ着いていた。

さて、不比等の前例、オモイカネは、八百万の神々の思いを包括できる神である。ただ単に聞くだけに力を発揮するリーダー、わたしの表現でいえば、馬耳東風力に長けたリーダーとは異なって、神々の思いを包括できる合意形成のリーダーであった。神話のオモイカネ像は、持統天皇の不比等に対する評価の表現であったに違いない。オモイカネは、持統天皇が不比等に最大の信頼を置いたことの前例であっただろう。

持統天皇と藤原不比等による権威と権力の二元的な政治・行政システムは、その後の日本の歴史で不動の基盤となったが、江戸時代末に徳川慶喜の「大政奉還」によって、一元化されてしまった。その後の軍部の暴走が太平洋戦争の敗戦にまでいきつく。敗戦後の象徴天皇制は、権威と権力の二元体制という持統・不比等の理想へと戻ることになった。

現代の日本に目を向けると、困ったことに、法治による官僚システムを政治権力に従属させ、その権力行使のために行政文書の隠蔽、改竄、捏造などに走る政治家やかれらに忖度する行政マンまで現れた。日本という国家が長い歴史を経て積み上げてきたシステムを反故にしようとする動きである。

それればかりか、一方で日本の伝統的な神々を崇める態度を取りながら、同時に日本の宗教的伝統を多神教として貶める外国由来の宗教的団体を応援するような不可解な人々まで現れてしまった。

だからこそ、日本の神々、日本の神話、そして日本の宗教とはなにかをいま一度問い直すことが必要である。

各地の公共事業に従事しながら、わたしが日本の風土に見いだしたことは、日本の神々は、日本の風土のなかから生まれ、あるいは、外からやってきてはいるが、国土に土着し、歴史と融合してきたということである。

重要なのは、風土のなかに身を置き、その風景の襞のなかから聞こえてくる伝言に耳を傾けること、神話を編纂した人々の関心・懸念を考えながら、文字となって残された神々の意味を捉えることである。


本書の完成まで、社会基盤の整備に従事する過程でも、あるいは、執筆の過程でも、本書で触れた方々のほかにも数え切れないくらい多くの方々にお世話になった。ここにお礼を申し上げたい。

本書は、同人誌『十三日会』での連載「神々と風土の空間学」を発展させたものである。主宰の村上紀史郎さんは、遅れがちの原稿をいつも辛抱強くまってくださった。お礼を申し上げたい。

本書の刊行には、筑摩書房の金子千里さんに、本当にお世話になった。本書の最終稿とは似ても似つかない原稿の時点から忍耐強く待ってくださっただけでなく、執筆に向けて何度も激励していただいた。感謝のことばが見当たらない。

高千穂町で本書のテーマに遭遇してから、二十年近くの歳月が経過した。その間、多くの公共事業に関わってきたことで、家を留守にすることが多かった。本書の刊行を待ってくれた妻澄子にも感謝の気持ちを表したい。

「まえがき」にも述べたことを繰り返すならば、本書を読んでくださったみなさんが、『古事記』『日本書紀』という書物をリュックのなかに入れて、自分自身の足で日本のすばらしい風土のなかに身を置き、風景の語る言葉に耳を傾ける旅に出ていただければ、著者としてこれ以上の喜びはない。

二〇二三年三月九日　　神代川河川再生計画検討委員会の日に高千穂町にて

皇統に至る神々の系譜（□は皇統に属する神）

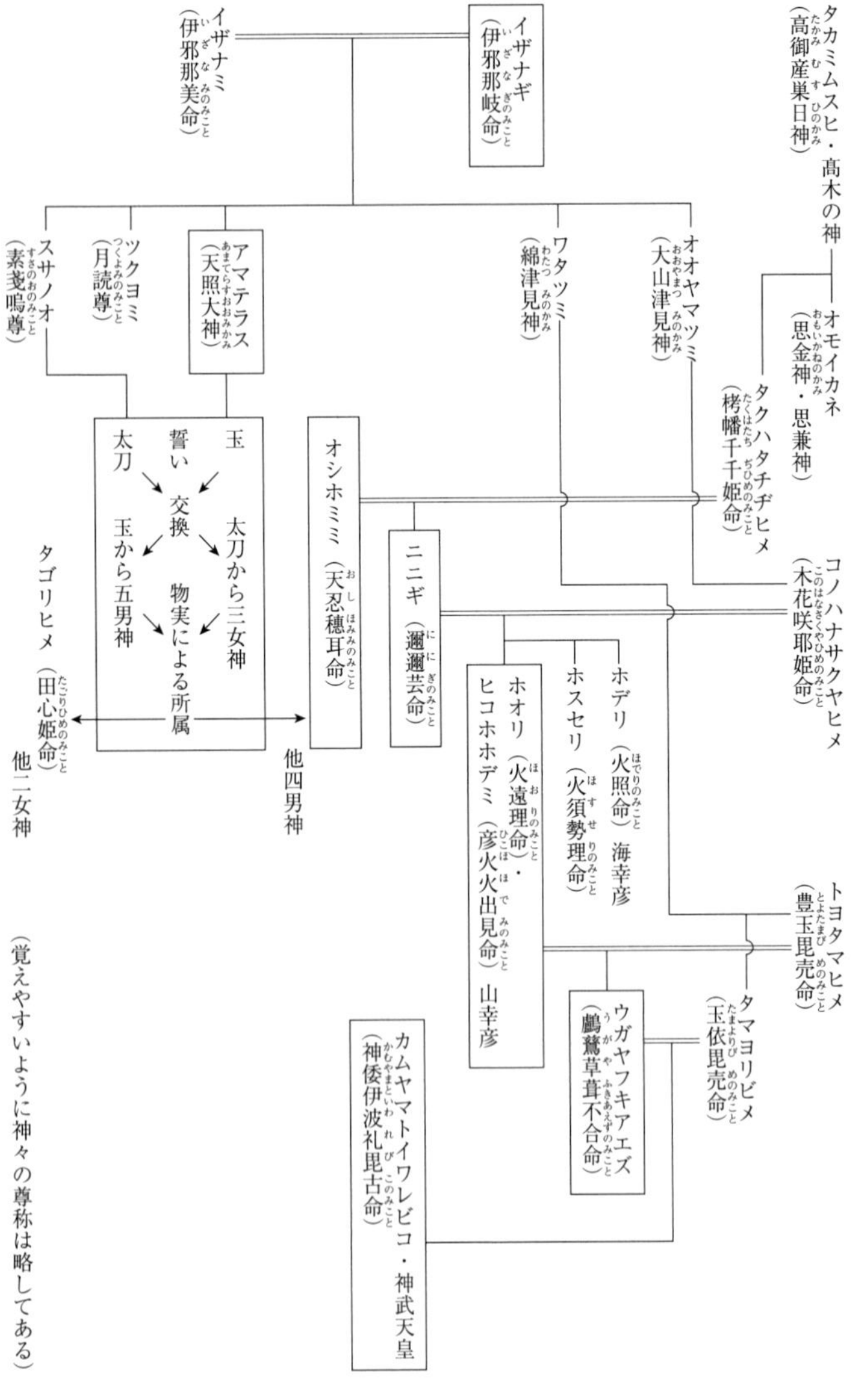

（覚えやすいように神々の尊称は略してある）

舒明天皇から聖武天皇までの系譜

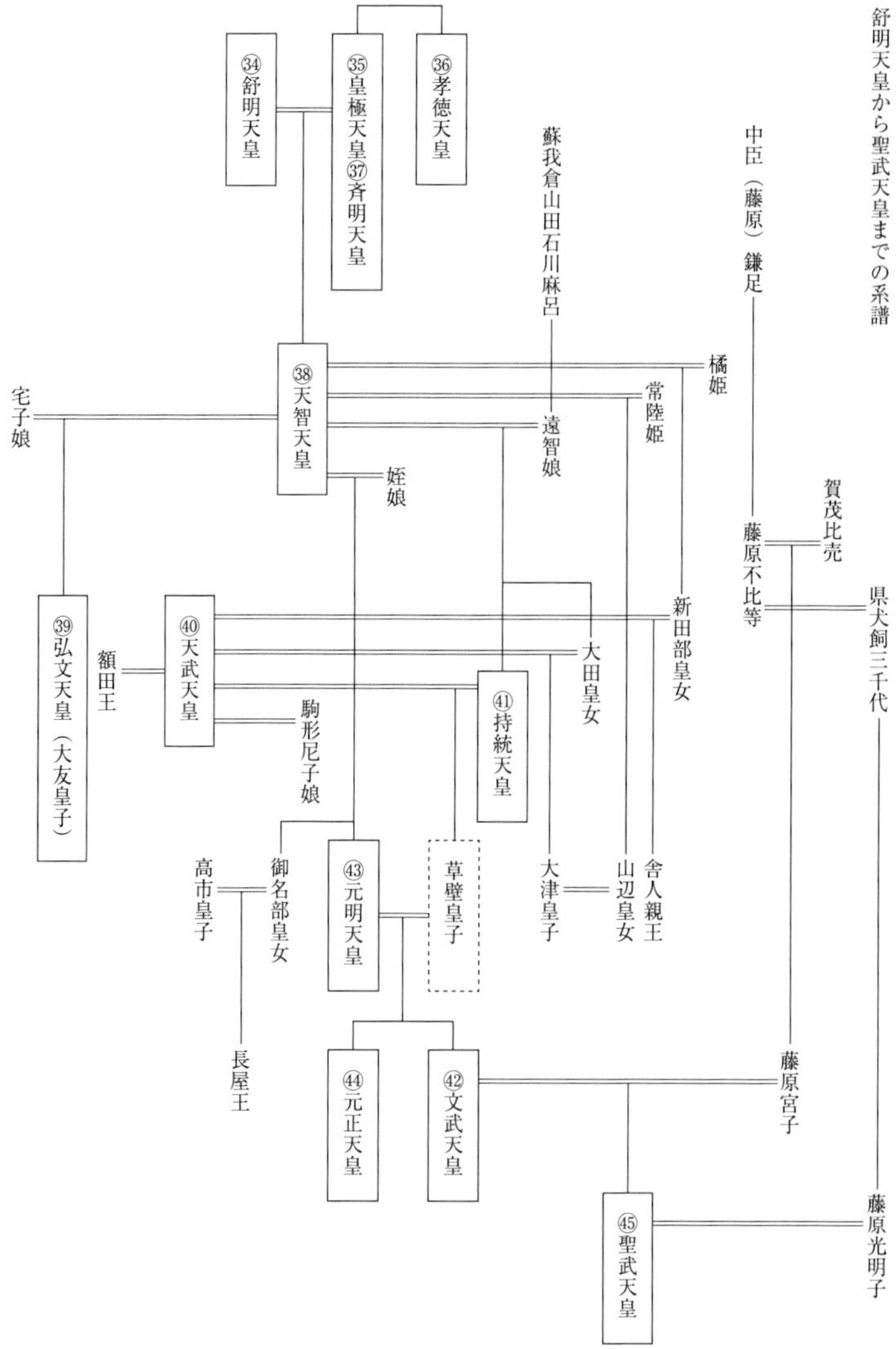

年表

飛鳥時代から奈良時代はじめまで。『誰でも読める日本古代史年表』（古川弘文館、二〇〇六年）を主に参照した。括弧内は書紀紀年。

五八九年（崇峻天皇二）　隋の文帝、陳を滅ぼし中国を統一。

五九二年（崇峻天皇五）　蘇我馬子、東漢駒《やまとのあやのこま》に崇峻天皇を殺害させる。推古天皇、豊浦宮で即位。

五九三年（推古天皇元）　推古天皇、厩戸皇子《うまやどのおうじ》（聖徳太子）を皇太子に立て、摂政とする。

五九六年（推古天皇四）　法興寺完成。

六〇四年（推古天皇一二）　隋の文帝没。第二代皇帝、煬帝が即位。

六〇七年（推古天皇一五）　聖徳太子が煬帝に「日出づる処の天子、書を日没する処の天子に致す。恙なきや」という国書を送り、煬帝の不興をかう。隋、大業律令を公布。

六一二年（推古天皇二〇）　隋、高句麗遠征を開始（〜六一四年）。

六一八年（推古天皇二六）　李淵が隋を滅ぼし、唐を建国。

六二二年（推古天皇三〇）　聖徳太子、斑鳩宮で没。

六二六年（推古天皇三四）　蘇我馬子没。唐、李世民が即位（太宗）、いわゆる貞観の治がはじまる。

六二八年（推古天皇三六）　推古天皇没。

六二九年（舒明天皇元）　舒明天皇即位。

六三〇年（舒明天皇二）　舒明天皇、飛鳥岡本宮に遷る。

六三一年（舒明天皇三）　百済義慈王、王子豊璋《ほうしょう》を日本に送る。

六三二年（舒明天皇四）　新羅の善徳女王が即位。

六三六年（舒明天皇八）　岡本宮が焼け、田中宮に遷る。

六三七年（舒明天皇九）　唐、貞観律令を公布。

六四〇年（舒明天皇一二）	舒明天皇、百済宮に遷る。
六四一年（舒明天皇一三）	舒明天皇、百済宮で没。
六四二年（皇極天皇元）	舒明天皇皇后、宝皇女《たからのひめみこ》即位（皇極天皇）。小墾田宮に遷る。
六四三年（皇極天皇二）	皇極天皇、飛鳥板蓋宮に遷る。蘇我入鹿（馬子の孫）、山背大兄王《やましろのおおえのおう》（聖徳太子の子）の一族を滅ぼす。
六四四年（皇極天皇三）	中臣鎌子（のちの鎌足）、法興寺の槻の木の下で中大兄皇子に接近。蘇我蝦夷、入鹿、甘樫丘に邸宅を並び建てる。唐の太宗、高句麗攻撃のために新羅、百済の兵を徴発し、約十万の兵で高句麗を攻める。
六四五年（大化元）	中大兄皇子・中臣鎌足ら、蘇我入鹿を大極殿で暗殺。蘇我蝦夷、『天皇記』『国記』を焼き、自殺。船恵尺《ふねのえさか》、火中より『国記』を取り出す。（乙巳の変）。軽皇子即位（孝徳天皇）。中大兄皇子を皇太子とする。はじめて年号を大化とする。古人大兄皇子を謀反の罪で殺す。持統天皇誕生。
六四六年（大化二）	孝徳天皇、改新の詔を発する。
六四七年（大化三）	新羅の王子、金春秋《キムチュンチュ》（のちの新羅の武烈王で、唐と連合して白村江で日本軍を破る）来朝する。新羅の善徳女王退位。真徳女王、即位。
六四九年（大化五）	蘇我倉山田石川麻呂（持統天皇の母の父）謀反の讒言で自殺。
六五一年（白雉二）	孝徳天皇、難波長柄豊碕宮に遷る。唐、永徽《えいき》律令を公布。
六五二年（白雉三）	難波長柄豊碕宮完成。
六五四年（白雉五）	孝徳天皇、難波宮で没。新羅の真徳女王退位。
六五五年（斉明天皇元）	皇極天皇、飛鳥板蓋宮で再び即位（重祚）（斉明天皇）。飛鳥板蓋宮消失、飛鳥川原宮に遷る。
六五八年（斉明天皇四）	斉明天皇、阿倍比羅夫《あべのひらぶ》に蝦夷遠征を命じる。中大兄皇子、有間皇子（孝徳天

皇の皇子）を謀反の罪で処刑。

六五九年（斉明天皇五）　藤原不比等誕生。

六六〇年（斉明天皇六）　百済滅亡。百済、救援を求める。斉明天皇、百済救援の準備。

六六一年（斉明天皇七）　斉明天皇、中大兄皇子、大海人皇子、鸕野讃良皇女（持統天皇）、百済救援のための西征。天皇、朝倉橘広庭宮に遷るも、当地で没。

六六二年（天智天皇元）　阿曇比羅夫《あずみのひらふ》らを百済に派遣、豊璋を王位につける。

六六三年（天智天皇二）　日本・百済軍、白村江で大敗。百済王豊璋、高句麗に逃亡。日本軍、百済遺民とともに帰国。

六六四年（天智天皇三）　九州に防人、烽《ほう》を設置、筑紫に水城を築く。

六六五年（天智天皇四）　高句麗の泉蓋蘇文《せんがいそぶん》（淵蓋蘇文《よんげそむん》）没。

六六七年（天智天皇五）　中大兄皇子、大津宮に遷る。

六六八年（天智天皇七）　中大兄皇子即位（天智天皇）。大海人皇子を皇太弟とするか。唐、高句麗を滅ぼす。

六六九年（天智天皇八）　天智天皇、中臣鎌足に大織冠《たいしょくかん》・大臣《おおおみ》の位を授け、藤原の姓を賜う。鎌足、この年に山階寺（後の興福寺）を創建するか。鎌足没。

六七一年（天智天皇一〇）　天智天皇、大友皇子を太政大臣に。大海人皇子、鸕野讃良皇女とともに吉野に脱出。天智天皇、大津宮で没。

六七二年（天武天皇元）　大海人皇子、吉野を脱出、東国に向かい、伊賀より伊勢に入る（壬申の乱開始）。大友皇子自殺。大海人皇子、勝利ののち、飛鳥浄御原宮に遷る。

六七三年（天武天皇二）　大海人皇子、飛鳥浄御原宮で即位（天武天皇）。鸕野讃良皇女を皇后とする。

六七九年（天武天皇八）　吉野の盟約。

六八一年（天武天皇一〇）　天武天皇、律令編纂開始の命。草壁皇子、立太子。帝紀・上古諸事の記定を命じる。

六八三年（天武天皇一二）　大津皇子、朝政に参画。

六八六年（朱鳥元）　天武天皇、飛鳥浄御原宮で没。鸕野讃良皇女、称制（即位せずに政務をとること）。大津皇子を謀反の疑いで処刑。

六八九年（持統天皇三）　皇太子草壁皇子没。

六九〇年（持統天皇四）　持統天皇即位。このころから伊勢神宮内宮の式年遷宮始まる。唐の武則天即位。

六九二年（持統天皇六）　藤原宮の地鎮祭。

六九四年（持統天皇八）　持統天皇、藤原宮に遷る。

六九七年（文武天皇元）　軽皇子、立太子。持統天皇、譲位し太上天皇に。軽皇子即位（文武天皇）。

七〇一年（大宝元）　藤原不比等ら律令（『大宝律令』）を撰定。刑部親王、藤原不比等らに禄を賜う。

七〇二年（大宝二）　持統太上天皇没。

七〇五年（慶雲二）　武則天退位。

七〇七年（慶雲四）　文武天皇没。阿《あ》陪皇女《へのひめみこ》（天智天皇皇女、草壁皇子の妃、持統天皇の妹）、藤原宮大極殿で即位（元明天皇）。

七〇八年（和銅元）　藤原不比等、右大臣に。伊勢大神宮に平城京造営を報告。

七一〇年（和銅三）　元明天皇、平城京に遷る。藤原不比等、厩坂寺《うまやさかでら》を平城京に移し、興福寺とする。

七一二年（和銅五）　太安万侶、元明天皇に『古事記』を撰上。

七一三年（和銅三）　元明天皇、『風土記』の撰進を命じる。

七一五年（霊亀元）　元明天皇譲位、氷高内親王、平城宮大極殿にて即位（元正天皇、元明天皇の

娘で草壁皇子が父）。詔で「不改常典」に言及。

七二〇年（養老四）　舎人親王、日本紀（『日本書記』）を奏上。藤原不比等没。

七二四年（神亀元）　元正天皇譲位、首皇子《おびとのみこ》即位（聖武天皇）。

参考文献

「汗牛充棟」とは、本が非常に多くて牛車に積んで運ぶと、牛も汗をかき、家の中に積み上げれば棟木《むなぎ》にまで届いてしまうことをいう。日本の神話、古代史についての書物は、文字通り汗牛充棟である。わたし自身は、考古学の専門家でも歴史の専門家でも古代文学の専門家でもないので、参考にした文献は、系統的になっていない。

さらに古代史は、いろいろな見方、捉え方があって、だれもが自分自身の考え方で捉えることのできるエキサイティングな分野である。

であるから、自分の足で考え、自分の目で考えるためにも、書物をもって旅に出ることが大切である。古代に起きたと伝えられる事件の現場に立ち、周囲の風景をよく観察して、そこで起きたことを想像する。

現場に立って、足と目で考えよう。そうすれば、日本の風土はすばらしい風景のことばを語ってくれる。そのことばに耳を澄ますならば、いままで見えてこなかった風景の奥が自分自身の目の前にひろがってくるに違いない。

以下の文献は参考まで。

◆テキスト

『古事記』

倉野憲司校注『古事記』（岩波文庫、一九六三年）

次田真幸『古事記全訳注』（上）（中）（下）（講談社学術文庫、一九七七〜一九八四年）

『日本書紀』

坂本太郎・家長三郎・井上光貞・大野晋校注『日本書紀』(一)〜(五)(岩波文庫、一九九四〜一九九五年)
宇治谷孟『全現代語訳　日本書紀』(上)(下)(講談社学術文庫、一九八八年)

『続日本紀』
青木和夫・稲岡耕二・笹山晴生・白藤禮幸校注『続日本紀』(一)(二)(岩波書店、一九八九年・一九九〇年)
宇治谷孟『全現代語訳　続日本紀』(上)(中)(講談社学術文庫、一九九二年)

『風土記』
武田祐吉編『風土記』(岩波書店、一九三七年)
島根県古代文化センター編『解説　出雲国風土記』(今井出版、二〇一四年)

『律令』
井上光貞・関晃・土田直鎮・青木和夫校注『律令』(岩波書店、一九七六年)

その他
大野七三『先代旧事本紀訓註』(批評社、二〇〇一年)

◆年表
吉川弘文館編集部編『誰でも読める日本古代史年表』(吉川弘文館、二〇〇六年)
川崎庸之・原田伴彦・奈良本辰也・小西四郎総監修『読める年表』(自由国民社、一九九〇年)

◆参考書

青木和夫『古代豪族』（講談社学術文庫、二〇〇七年）
飯沼賢司『八幡神とはなにか』（角川選書、二〇〇四年）
石塚尊俊『出雲信仰』（雄山閣、一九八六年）
泉谷康夫『興福寺』（吉川弘文館、一九九七年）
市大樹『すべての道は平城京へ——古代国家の〈支配の道〉』（吉川弘文館、二〇一一年）
市川良哉編著『山の辺の歴史と文化を探る』（山の辺文化会議、二〇〇〇年）
今尾文昭『天皇陵古墳を歩く』（朝日新聞出版、二〇一八年）
上田正昭『出雲の神々——神話と氏族』（筑摩書房、一九八七年）
上田正昭他『三輪山の神々——大和王権発祥の地から古代日本の謎を解く』（学生社、二〇〇三年）
上田正昭『倭国から日本国へ——画期の天武・持統朝』（文英堂、二〇一〇年）
梅原猛『葬られた王朝——古代出雲の謎を解く』（新潮文庫、二〇一二年）
恵美嘉樹『日本古代史紀行——アキツシマの夢　英傑たちの系譜』（ウェッジ、二〇一四年）
大山誠一『天孫降臨の夢——藤原不比等のプロジェクト』（ＮＨＫブックス、二〇〇九年）
大山誠一『神話と天皇』（平凡社、二〇一七年）
岡本雅享『出雲を原郷とする人たち』（藤原書店、二〇一六年）
岡本雅享『越境する出雲学——浮かび上がるもうひとつの日本』（筑摩選書、二〇二二年）
岡谷公二『神社の起源と古代朝鮮』（平凡社新書、二〇一三年）
門脇禎二『カメラ紀行——筑紫の神話』（淡交新社、一九六六年）
門脇禎二監修『飛鳥——古代への旅（別冊太陽）』（平凡社、二〇〇五年）
川添登『伊勢神宮——森と平和の神殿』（筑摩書房、二〇〇七年）
川村湊『牛頭天王と蘇民将来伝説——消された異神たち』（作品社、二〇〇七年）
金達寿『日本古代史と朝鮮』（講談社学術文庫、一九八五年）

倉本一宏『壬申の乱』(吉川弘文館、二〇〇七年)
倉本一宏『蘇我氏——古代豪族の興亡』(中公新書、二〇一五年)
倉本一宏『藤原氏——権力中枢の一族』(中公新書、二〇一七年)
倉本一宏『はじめての日本古代史』(ちくまプリマー新書、二〇一九年)
桑子敏雄『環境の哲学——日本の思想を現代に活かす』(講談社学術文庫、一九九九年)
桑子敏雄『西行の風景』(NHKブックス、一九九九年)
桑子敏雄『感性の哲学』(NHKブックス、二〇〇一年)
桑子敏雄『風景のなかの環境哲学』(東京大学出版会、二〇〇五年)
桑子敏雄『生命と風景の哲学——「空間の履歴」から読み解く』(岩波書店、二〇一三年)
桑子敏雄『わがまち再生プロジェクト』(角川書店、二〇一六年)
桑子敏雄『社会的合意形成のプロジェクトマネジメント』(コロナ社、二〇一六年)
榊原康彦『天武天皇の秘密と持統天皇の陰謀——謎の古代三河と大和』(彩流社、二〇〇六年)
坂本勝監修『図説　日本人の源流を探る　風土記』(青春出版社、二〇〇八年)
笹山晴生『奈良の都——その光と影』(吉川弘文館、二〇一〇年)
島根県斐川町『荒神谷遺跡と神話——荒神谷遺跡をたずねて』(島根県斐川町、一九九二年)
島根大学附属図書館編『絵図の世界——出雲国・隠岐国・桑原文庫の絵図』(ワン・ライン、二〇〇六年)
関和彦『古代出雲への旅——幕末の旅日記から原風景を読む』(中公新書、二〇〇五年)
関裕二『出雲大社の暗号』(講談社、二〇一〇年)
千家尊統『出雲大社』(学生社、一九六八年)
千田智子『森と建築の空間史——南方熊楠と近代日本』(東信堂、二〇〇二年)
千田稔監修『平城遷都一三〇〇年記念　平城京』(別冊太陽)』(平凡社、二〇一〇年)
武澤秀一『持統天皇と男系継承の起源——古代王朝の謎を解く』(ちくま新書、二〇二一年)

瀧浪貞子『持統天皇――壬申の乱の「真の勝者」』（中公新書、二〇一九年）
筑紫申真『日本の神話』（ちくま学芸文庫、二〇一九年）
土橋寛『持統天皇と藤原不比等』（中公文庫、二〇一七年）
寺沢薫『王権誕生』（講談社学術文庫、二〇〇八年）
遠山美都男『壬申の乱――天皇誕生の神話と史実』（中公新書、一九九六年）
遠山美都男監修『日本書紀――編纂一三〇〇年』（別冊太陽）』（平凡社、二〇二〇年）
十川陽一『人事の古代史――律令官人制からみた古代日本』（ちくま新書、二〇二〇年）
直木孝次郎『持統天皇』（吉川弘文館、一九六〇年）
直木孝次郎『直木孝次郎古代を語る〈4〉 伊勢神宮と古代の神々』（吉川弘文館、二〇〇九年）
直木孝次郎『日本神話と古代国家』（講談社学術文庫、一九九〇年）
中見利男『出雲大社と千家氏の秘密』（宝島社、二〇一四年）
中村修也『白村江の真実――新羅王・金春秋の策略』（吉川弘文館、二〇一〇年）
中村修也『天智朝と東アジア――唐の支配から律令国家へ』（ＮＨＫブックス、二〇一五年）
中村良夫『風景学入門』（中公新書、一九八二年）
中村良夫『風土自治――内発的まちづくりとは何か』（藤原書店、二〇二一年）
奈良文化財研究所編『図説　平城京事典』（柊風舎、二〇一〇年）
奈良文化財研究所・朝日新聞社事業本部大阪企画事業部編『飛鳥・藤原京展　奈良文化財研究所創立50周年記念』（朝日新聞社、二〇〇二年）
西川寿勝他『蘇我三代と二つの飛鳥――近つ飛鳥と遠つ飛鳥』（新泉社、二〇〇九年）
馬場基『平城京に暮らす――天平びとの泣き笑い』（吉川弘文館、二〇一〇年）
林順司『アマテラス誕生――日本古代史の全貌』（彩流社、二〇〇六年）
藤井耕一郎『大国主対物部氏――はるかなる古代、出雲は近江だった』（河出書房新社、二〇一一年）

藤岡大拙監修『出雲――神々のふるさと（別冊太陽）』（平凡社、二〇〇三年）
藤岡大拙『出雲人 改訂版』（ハーベスト出版、二〇〇四年）
富士川游『日本疾病史』（平凡社〔東洋文庫〕、一九六九年）
法相宗大本山薬師寺『持統天皇千三百年玉忌・薬師寺大講堂復興記念 薬師寺展』（法相宗大本山薬師寺、二〇〇二年）
黛弘道『物部・蘇我氏と古代王権』（吉川弘文館、二〇〇九年）
真弓常忠『古代の鉄と神々』（ちくま学芸文庫、二〇一八年）
三浦佑之『古事記講義』（文藝春秋、二〇〇三年）
宮田登・高田衛監修『鯰絵――震災と日本文化』（里文出版、一九九五年）
武藤清躬『式内社の神々――神のやしろの起源について』（文芸社、二〇一二年）
村井康彦『出雲と大和――古代国家の原像をたずねて』（岩波新書、二〇一三年）
本居宣長撰・倉野憲司校訂『古事記伝㈡』（岩波文庫、一九四一年）
森公章『「白村江」以後――国家危機と東アジア外交』（講談社選書メチエ、一九九八年）
森浩一・上田正昭他『古代豪族と朝鮮』（新人物往来社、一九九一年）
森博達『日本書紀の謎を解く――述作者は誰か』（中公新書、一九九九年）
八木荘司『古代天皇はなぜ殺されたのか』（角川書店、二〇〇四年）
洋泉社ＭＯＯＫ『藤原氏』（洋泉社、二〇一八年）
吉川真司『飛鳥の都』（岩波新書、二〇一一年）
吉田歓『古代の都はどうつくられたか――中国・日本・朝鮮・渤海』（吉川弘文館、二〇一一年）

桑子 敏雄 くわこ・としお

一九五一年群馬県生まれ。哲学者。東京工業大学名誉教授。東京大学文学部哲学科卒業、同大学院博士課程修了。博士（文学）。南山大学助教授を経て、東工大工学部助教授などを歴任。一九九九年『環境の哲学』の上梓を契機に、建設省から政策提言を求められ、日本各地の公共事業の合意形成にかかわる。二〇一四年一般社団法人コンセンサス・コーディネーターズを設立し、代表理事。様々な課題解決のための社会的合意形成に従事している。著書に、『環境の哲学——日本の思想を現代に活かす』（講談社学術文庫）、『西行の風景』（NHKブックス、一九九九年）、『感性の哲学』（NHKブックス、二〇〇一年）、『空間の履歴』（東信堂、二〇〇九年）、『生命と風景の哲学——「空間の履歴」から読み解く』（岩波書店、二〇一三年）、『わがまち再生プロジェクト』（角川書店、二〇一六年）、『社会的合意形成のプロジェクトマネジメント』（コロナ社、二〇一六年）、『何のための「教養」か』（ちくまプリマー新書、二〇一九年）など多数。

筑摩選書 0258

風土《ふうど》のなかの神々《かみがみ》
神話《しんわ》から歴史《れきし》の時空《じくう》を行《い》く

二〇二三年六月一五日 初版第一刷発行

著 者 桑子《くわこ》敏雄《としお》
発行者 喜入冬子
発行所 株式会社筑摩書房
東京都台東区蔵前二-五-三 郵便番号 一一一-八七五五
電話番号 〇三-五六八七-二六〇一（代表）
装幀者 神田昇和
印刷 製本 中央精版印刷株式会社

 ISBN978-4-480-01776-5 C0321

筑摩選書 0013

甲骨文字小字典

落合淳思

漢字の源流「甲骨文字」のうち、現代日本語の基礎となっている教育漢字中の三百余字を収録。最新の研究でその成り立ちと意味の古層を探る。漢字文化を愛する人の必携書。

筑摩選書 0021

贈答の日本文化

伊藤幹治

モース『贈与論』などの民族誌的研究の成果を踏まえ、贈与・交換・互酬性のキーワードと概念を手がかりに、日本文化における贈答の世界のメカニズムを読み解く。

筑摩選書 0022

日本語の深層

〈話者のイマ・ココ〉を生きることば

熊倉千之

日本語の助動詞「た」は客観的過去を示さない。文中に遍在する「あり」の分析を通して日本語の発話の「イマ・ココ」性を究明し、西洋語との違いを明らかにする。

筑摩選書 0023

天皇陵古墳への招待

森 浩一

いまだ発掘が許されない天皇陵古墳。本書では、天皇陵古墳をめぐる考古学の歩みを振り返りつつ、古墳の地理的位置・形状、文献資料を駆使し総合的に考察する。

筑摩選書 0032

水を守りに、森へ

地下水の持続可能性を求めて

山田 健

日本が水の豊かな国というのは幻想にすぎない。水を養うはずの森がいま危機的状況にある。一体何が起こっているのか。百年先を見すえて挑む森林再生プロジェクト。

筑摩選書 0035

生老病死の図像学
仏教説話画を読む

加須屋誠

仏教の教理を絵で伝える説話画をイコノロジーの手法で読み解くと、中世日本人の死生観が浮かび上がる。生活史・民俗史をも視野に入れた日本美術史の画期的論考。

筑摩選書 0036

伊勢神宮と古代王権
神宮・斎宮・天皇がおりなした六百年

榎村寛之

神宮をめぐり、交錯する天皇家と地域勢力の野望。王権は何を夢見、神宮は何を期待したのか? 王権の変遷に翻弄され変容していった伊勢神宮という存在の謎に迫る。

筑摩選書 0066

江戸の風評被害

鈴木浩三

市場経済が発達した江戸期、損得に関わる風説やうわさは瞬く間に広がって人々の行動に影響を与え、政治経済を動かした。群集心理から江戸の社会システムを読む。

筑摩選書 0082

江戸の朱子学

土田健次郎

江戸時代において朱子学が果たした機能とは何だったのか。この学の骨格から近代化の問題まで、思想界に与えたインパクトを再検討し、従来的イメージを刷新する。

筑摩選書 0089

漢字の成り立ち
『説文解字』から最先端の研究まで

落合淳思

正しい字源を探るための方法とは何か。『説文解字』から白川静までの字源研究を批判的に継承した上で到達した最先端の成果を平易に紹介する。新世代の入門書。

筑摩選書 0096

万葉語誌

多田一臣 編

『万葉集』に現れる重要語を一五〇語掲げて解説する《読む辞典》。現象的・表面的理解とは一線を画しつつ、各語に内在する古代的な論理や世界観を掘り起こす。

筑摩選書 0112

刺さる言葉
「恐山あれこれ日記」抄

南 直哉

死者を想うとはどういうことか。生きることの苦しみは何に由来するのか。〝生きて在ること〟の根源を問い続ける著者が、寄る辺なき現代人に送る思索と洞察の書。

筑摩選書 0113

極限の事態と人間の生の意味

岩田靖夫

東日本大震災の過酷な体験を元に、ヨブ記やカント、ハイデガーやレヴィナスの思想を再考し、「認識のかなた」としての「人間の生」を問い直した遺稿集。

筑摩選書 0114

孔子と魯迅
中国の偉大な「教育者」

片山智行

古代の混沌を生きた孔子は人間性の確立を、近代の矛盾に立ち向かった魯迅は国民性の改革をめざした。国家と社会の「教育」に生涯を賭けた彼らの思想と行動を描く。

筑摩選書 0119

民を殺す国・日本
足尾鉱毒事件からフクシマへ

大庭 健

フクシマも足尾鉱毒事件も、この国の「構造的な無責任」体制＝国家教によってもたらされた――。その乗り越えには何が必要なのか。倫理学者による迫真の書！

筑摩選書
0166

いにしえの恋歌
和歌と漢詩の世界

彭丹

中国生まれ、日本在住の比較文学研究者が「恋歌」を入口に、和歌と漢詩の豊穣な世界を逍遥し、その違いを考え、古代の日本と中国に生きた人々の心情に迫る。

筑摩選書
0178

親鸞「六つの顔」はなぜ生まれたのか

大澤絢子

多くの日本人を魅了してきた親鸞には「妻帯した僧」など、六つの「顔」がある。なぜ、いかにしてそれらの「顔」が形成されたのかを明らかにした労作の誕生！

筑摩選書
0181

天皇と戸籍
「日本」を映す鏡

遠藤正敬

日本人たることを〝証明〟する戸籍、戸籍をもたない天皇家。いずれも「血統」等の原理に支えられてきた。両者の関係をあぶり出し、「日本」を問い直す渾身作！

筑摩選書
0184

明治史研究の最前線

小林和幸 編著

政治史、外交史、経済史、思想史、宗教史など、多様な分野の先端研究者31名の力を結集し明治史研究の最先端を解説。近代史に関心のある全ての人必携の研究案内。

筑摩選書
0185

アジールと国家
中世日本の政治と宗教

伊藤正敏

世俗の権力の及ばない避難所、聖なる別天地としてのアジールとは、一体どのようなものだったのか。歴史の中で果たしてきた役割を中世日本を舞台として跡付ける。

筑摩選書
0186

皇国日本とアメリカ大権
日本人の精神を何が縛っているのか？

橋爪大三郎

昭和の総動員体制になぜ人々は巻き込まれたのか。戦後のアメリカ大権を国民が直視しないのはなぜか。戦前の聖典『国体の本義』解読から、日本人の無意識を問う。

筑摩選書
0188

徳川の幕末
人材と政局

松浦玲

幕末維新の政局中、徳川幕府は常に大きな存在であった。それぞれの幕臣たちが、歴史のどの場面で、どのような役割を果たしたのか。綿密な考証に基づいて描く。

筑摩選書
0202

盆踊りの戦後史
「ふるさと」の喪失と創造

大石始

敗戦後の鎮魂の盆踊り、団地やニュータウンの盆踊り、野外フェスブーム以後の盆踊り、コロナ禍と盆踊り……その歴史をたどるとコミュニティーの変遷も見えてくる。

筑摩選書
0203

震災と死者
東日本大震災・関東大震災・濃尾地震

北原糸子

震災で遺体はどうなったのか。東日本大震災、関東大震災、濃尾地震を例に行政、寺院、メディアなどの死者への対応を、南方熊楠賞受賞の災害史の泰斗が検証する。

筑摩選書
0233

越境する出雲学
浮かび上がるもうひとつの日本

岡本雅享

出雲という地名や神社が列島各地にあるのはなぜか。全国の郷土史を渉猟し、人の移動や伝承の広がりを丹念に跡付けることで、この国のもう一つの輪郭を描き出す。

筑摩選書 0245

平和憲法をつくった男 鈴木義男

仁昌寺正一

日本国憲法第9条に平和の文言を加え、25条の生存権を追加することで憲法に生命を吹き込んだ法律家・政治家「ギダンさん」。その生涯をたどるはじめての本格評伝。

筑摩選書 0251

戦後空間史
都市・建築・人間

戦後空間研究会 編

住宅、農地、震災、運動、行政、アジア…戦後の都市・近郊空間と社会を考える。執筆：青井哲人、市川紘司、内田祥士、中島直人、中谷礼仁、日埜直彦、松田法子

筑摩選書 0253

悟りと葬式
弔いはなぜ仏教になったか

大竹晋

悟りのための仏教が、なぜ弔いを行っているのだろうか。各地の仏教を探り、布施、葬式、戒名、慰霊、追善、起塔などからアジア各地に共通する背景を解明する。

筑摩選書 0254

日本政教関係史
宗教と政治の一五〇年

小川原正道

統一教会問題でも注目を集めている政治と宗教の関係の変遷を、近現代の様々な事例をもとに検証。信教の自由と政教分離の間で揺れ動く政教問題の本質に迫る。

筑摩選書 0255

日本人無宗教説
その歴史から見えるもの

藤原聖子 編著

「日本人は無宗教だ」とする言説の明治以来の系譜をたどり、各時代の日本人のアイデンティティ意識の変遷を解明する。宗教意識を裏側から見る日本近現代宗教史。